살아있음

Originally published in Japanese under the title

Inochi eno Manazashi

Published by Word of Life Press Ministries,
2-1-5, Nakano, Nakano Ku, Tokyo 164-0001 Japan

하나님이 주신 소중한 생명을 향한 시선

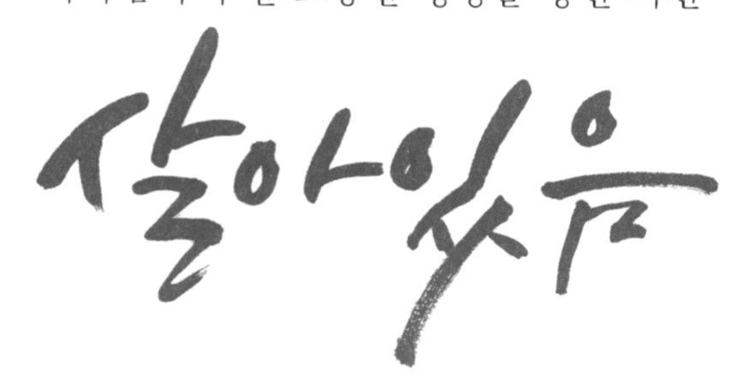

가시와기 데쓰오 지음 | 최영수 옮김

규장

추천의 글

정신과 의사, 호스피스 의사, 크리스천으로서 바라본 '생명'에 다각도의 빛을 비추는 책이다. 이 정도의 심도 깊은 내용을 매우 알기 쉽게 농축해놓은 책을 만난 것이 행운이라고 생각한다. 무엇보다 반복해서 읽을수록 저자의 박식함과 풍부한 경험이 읽는 사람의 마음에 잘 전해진다.

"죽는다는 것, 남겨진다는 것"이라는 글에서 저자는 "일본어의 독특한 수동형에서 사람의 탄생과 죽음의 한 단면을 생각해보았다"고 이야기하면서 "좋은 의미에서 말에 집착하다보면 그것의 본질에 접근하게 되는 경우도 있다"라는 말로 맺고 있다. 이 말을 비롯해 저자의 무수한 명언 중에서 성경말씀을 전하는 목사의 한 사람으로서 "좋은 의미에서 말에 집착해본다"는 것의 소중함을 새롭게 배웠다. 목사뿐만 아니라 어느 분야에 종사하는 사람이든

이 책은 반드시 풍요로운 마음의 재산이 될 것이다.

– 다케모토 구니아키(일본 복음그리스도교회연합 · 삿포로기보카오카교회 목사)

30년 전 요도가와기독병원으로 호스피스 견학을 갔을 때, 저자인 가시와기 선생이 직접 안내해주던 기억이 새롭다. 그는 일본에서 소수인 크리스천 의사로서, 일본 호스피스에 영성을 도입한 분이다. 이 책은 단순히 호스피스에 관한 게 아니라 삶 혹은 생명에 관한 인생 철학서이자 교과서로서 우리에게 잔잔한 감동을 일으킨다. 역자의 쉬운 번역과 공감력 역시 감명깊다. 책을 다 읽고 나면, 결국 "잘 죽기(well dying) 위해서는 잘 살아야 한다(well living)"는 진솔한 의미를 당장 실행에 옮기게 될 것이다.

– 강영우(전 한국 호스피스협회 이사장, 전 건양의대 학장, 건양의대 내과 교수)

저자는 일본 최초의 호스피스 병동을 세우고 20여 년간 말기 암 환자를 돌보았고, 지금까지 호스피스 완화의료학회를 이끌며 기독교대학인 긴조학원의 총장을 역임했다. 내가 원장을 맡고 있는 샘병원과 요도가와기독병원이 자매협약을 맺어 그곳에 몇 차례 방문한 적이 있는데 호스피스 병동을 보며 무척 부러운 생각이 들었다. 전망이 가장 좋은 층에 병실을 꾸미고 아름다운 정원을 만들어 마지막 삶의 여정을 편안히 보내도록 배려해놓았는데, 이것이 가시와기 선생의 헌신적인 노력에 의한 것임을 알게 되었다. 이번에 그의 책이 번역되어 우리가 읽을 수 있게 된 것이 너무나 감사하다.

우리는 모두 생명을 가지고 살아가지만 이 생명을 바라보는 시선은 각기 다르다. 어떤 사람은 자신이 남녀 사이의 쾌락의 결과로 우연히 이 땅에 던져진 존재라고 생각하는가 하면, 또 어떤 사람은 중증장애인임에도 자신은 누구도 침해할 수 없는 신성을 가졌다고 믿는다. 저자는 지난 40여 년 동안 죽음을 맞이하는 환자들을 돌본 의사로서 삶의 의미가 무엇인지 고뇌하며, 죽음 너머의 또 다른 세계를 바라보고, 이를 독자들에게 알려주기 원한다. 특히 매우 드문 일본인 기독 지성인으로서 자신의 신앙을 분명히 드러내며, 우리가 어떻게 살아야 할지 정리하고 있다.

이 한 권의 책이 우리에게 생명과 죽음에 대해 생각하게 하며 이전처럼 살지 않고 삶을 바꾸는 변화의 기폭제가 되리라 믿는다. 삶은 결코 업적(doing)이 아니라, 가장 소중한 사람들 곁에서 함께 살아가는(being) 것임을 다시금 깨닫는다.

– 박상은(안양샘병원 원장, 대통령 직속 국가생명윤리위원장)

역자에게 번역 원고를 건네받고서 약간의 부담감을 느꼈다. 그러나 지금은 다르다. 정말 필요한 책을 선정하여 탁월한 번역 솜

씨로 생기를 불어 넣었기 때문이다. 나는 다음과 같은 이유로 진심으로 기쁘게 이 책을 추천한다.

첫째, 저자가 탁월하다. 인간이해를 추구하는 정신과 의사이며 동시에 인간애를 소유한 훌륭한 호스피스 의사인 그는 성경을 사랑하는 믿음의 사람이자, 우리 시대의 진정한 크리스천이다. 다양한 경험과 통찰력으로 생명 존중과 생명 이해와 생명 사랑을 쏟아내고 있다. 이 책이 강한 흡인력을 갖는 것도 그때문이다.

둘째, 구체적 사례들이 이해를 높인다. 그것은 책을 대하는 독자들이 가질 수 있는 막연한 부담감을 없애 사랑방에서 대화를 나누듯 마음을 열고 공감하게 한다. 그래서 각박한 현대 의학의 현장이 '이렇게도 따뜻할 수가 있구나' 하는 마음을 선물한다.

셋째, 제시된 예화나 삶의 다양한 국면에서 솟아나는 교훈은 자연스레 독자들의 생각과 삶의 정황을 돌아보도록 하는 묘한 힘이 있다. 이것이 독자들로 하여금 자기반성의 열매를 맺고 삶의 본질을 붙잡게 한다. 뿐만 아니라 그들이 은혜롭고 축복된 죽음을 준비할 수 있게 도와준다. 저자는 서문에서 "좋은 죽음을 맞기 위해서는 좋은 삶을 살아야 한다"는 평범하지만 정곡을 찌르는 말로 우리 삶을 돌아보게 한다. 제목에 합당한 내용은 물론이고, 결말을 성경의 원리로 이어가는 저자의 해박한 성경 원리의 이해가 목회자인 내게 큰 도전과 통찰력을 준다.

넷째, 인간이해의 지평을 넓혀주는 탁월한 기능이 있다. 예를 들면 어려움을 당한 이들을 돌볼 때도 단계별로 세분화하여 돌보는 새로운 안목을 열어준다. 선각자에게 배우면서 정신적인 희열을 체험하는 것은 물론 삶을 바라보는 왜곡된 시각이 교정되는 축복을 경험하게 된다.

이 책을 읽으면서 깊은 깨달음과 감동을 받기 위해 마음의 태도를 새롭게 하는 나 자신을 발견할 수 있었다. 또한 실력 있는 번역으로 글이 자연스럽고 매끄러워 읽기에 수월했다. 읽는 동안 내 마음의 소망이 점점 커진 것처럼 독자들에게도 이런 축복이 함께 할 것을 확신한다.

– 오정호(대전새로남교회 담임목사, 미래목회포럼 이사장)

한국 독자에게 드리는 글

나는 호스피스 의사로서 지금까지 2,500명에 이르는 환자의 임종을 지켜보았다. 호스피스에 입원하는 환자 대부분은 이곳에서 인생을 총결산하게 된다. 그 기간은 한 달 정도이며, 한 사람이 살아온 인생과 삶의 방식이 응집된 시간이라고 할 수 있다.

이 책은 내가 호스피스 의사로 일하면서 인간 생명을 어떤 시선으로 바라보았는지를 정리한 것이다. 생명이라는 말은 다양하게 쓰이는데 경우에 따라서는 '하나님'이라는 의미로 사용되기도 한다. 성경에는 "내가 곧 길이요 진리요 생명이니"라는 말씀이 있다(요 14:6). 따라서 '생명을 향한 시선'은 인간의 생명을 바라보는 시선과 생명이신 하나님을 바라보는 시선을 뜻한다. 인간의 생명을 냉철한 시선으로 바라보면서 동시에 생명이신 하나님께 어떠한 시선을 둘 것인지를 깊이 생각하는 것은 매우 중요한 일이다.

그런 의미에서 이 책이 한국 독자들에게 생명의 양방향에 어떤 시선을 두어야 할지 생각하는 계기가 되었으면 한다.

차례

여는 글

좋은 죽음을 위한 좋은 삶

50여 년 전 의대생 시절에 나는 '조직실습'이라는 수업을 좋아했다. 인체 여러 부분의 조직을 얇게 저며서 특별한 방법으로 염색한 후 현미경으로 관찰하면, 신비하고 정밀한 인체 구조에 감탄하지 않을 수 없었다.

학년이 올라가면서 내과와 외과 등 임상의학 수업이 시작되었는데, 그 중에서 가장 흥미를 느낀 건 정신의학이었다. 인간을 이해하는 유력한 학문 분야 중 하나라는 생각이 들어서 별다른 고민 없이 정신과를 전공으로 선택했다.

인간의 몸에 대한 관심이 인간의 마음으로 옮겨가면서 내게 생긴 또 다른 커다란 변화는 영혼에 대한 관심이었다. 대학교 2학년 때부터 다니기 시작한 교회에서 인간의 영혼에 대해 많은 것을 배웠다. 그리고 25세가 되던 해에 출석하던 교회에서 세례를 받았다.

그리고 3년간 대학병원에서 정신의학 연구와 임상에 종사한 후 정신과 의사로서 임상 경험을 넓히기 위해 미국으로 유학을 떠났다. 그곳에서 초기 호스피스 케어(hospice care, 말기 환자 돌봄)를 접하고, 관심을 가지기 시작했다.

귀국 후에는 정신과 의사로서 요도가와기독병원에서 일하게 되었다. 그때 영국의 호스피스 병원을 시찰할 기회가 있었는데, 그 규모와 효율적인 시스템을 보고 몹시 감동했다. 그리고 꼭 일본에도 호스피스 병원을 세워야겠다고 생각했다. 그 후 3년여의 내과 연수를 마치고 1984년에 호스피스를 시작하여, 호스피스 의사로서 수많은 환자를 돌보았다.

호스피스 돌봄을 통해 환자에게서 배운 것은 '사람은 전인적으로 죽음을 맞이한다'는 것이다. 신체적 통증에서 수반

되는 여러 증상에 고통스러워하고, 정신적으로는 불안과 두려움에 떨며, 사회적으로는 가정과 일 등의 문제를 끌어안아야 할 뿐만 아니라 영적인 아픔, 즉 영혼의 아픔(spiritual pain)에도 괴로워한다.

그래서 호스피스 의사는 환자의 몸과 마음, 영혼뿐만 아니라 사회적 측면까지 관심을 쏟아야 한다. 환자의 몸을 돌볼 때는 3년간의 내과 연수가 도움이 되었다. 마음을 돌보는 것은 전공이 정신의학과였으므로 큰 문제가 없었다. 사회적 측면에 대해서는 사회정신의학의 지식과 경험이 도움이 되었다.

호스피스 돌봄을 통해 "좋은 죽음을 맞기 위해서는 좋은 삶을 살 필요가 있다"는 걸 배웠다. 이는 바꿔 말하면 "좋은 삶을 살지 않으면 좋은 죽음을 맞이할 수 없다"는 뜻이다.

좋은 죽음을 구성하는 요소는 많지만 가장 중요한 건 역시 영혼의 평안이 아닐까 생각한다. 마음의 평안은 지위나 명예, 재산, 가족 등 횡적 관계에서 온다. 그러나 이런 것들은 궁극적인 힘이 되지는 못한다.

평안은 옆에서 오는 것이 아니라 위에서 오는 것이다. 하나님이 위로부터 내려주시는 평안이 영혼에 온전히 임할 때 사람은 평안한 죽음을 맞이할 수 있다.

이 책은 정신과 의사이자 호스피스 의사이며 크리스천인 내가 지켜본 '살아 있음(생명)'에 관한 글이다. 인간을 이해하기 위해서는 인간의 생명에 대한 통찰이 중요하다. 하지만 그것은 너무나 방대하고 큰 주제이다. 때문에 이 책이 생명에 관해 아주 작은 빛을 비추어 주기만을 바랄 뿐이다. 인간의 삶과 죽음, 생명에 관심을 가진 사람들이 읽어준다면 내게 큰 기쁨이 될 것이다.

평안은
옆에서
오는 것이 아니라
위로부터 온다

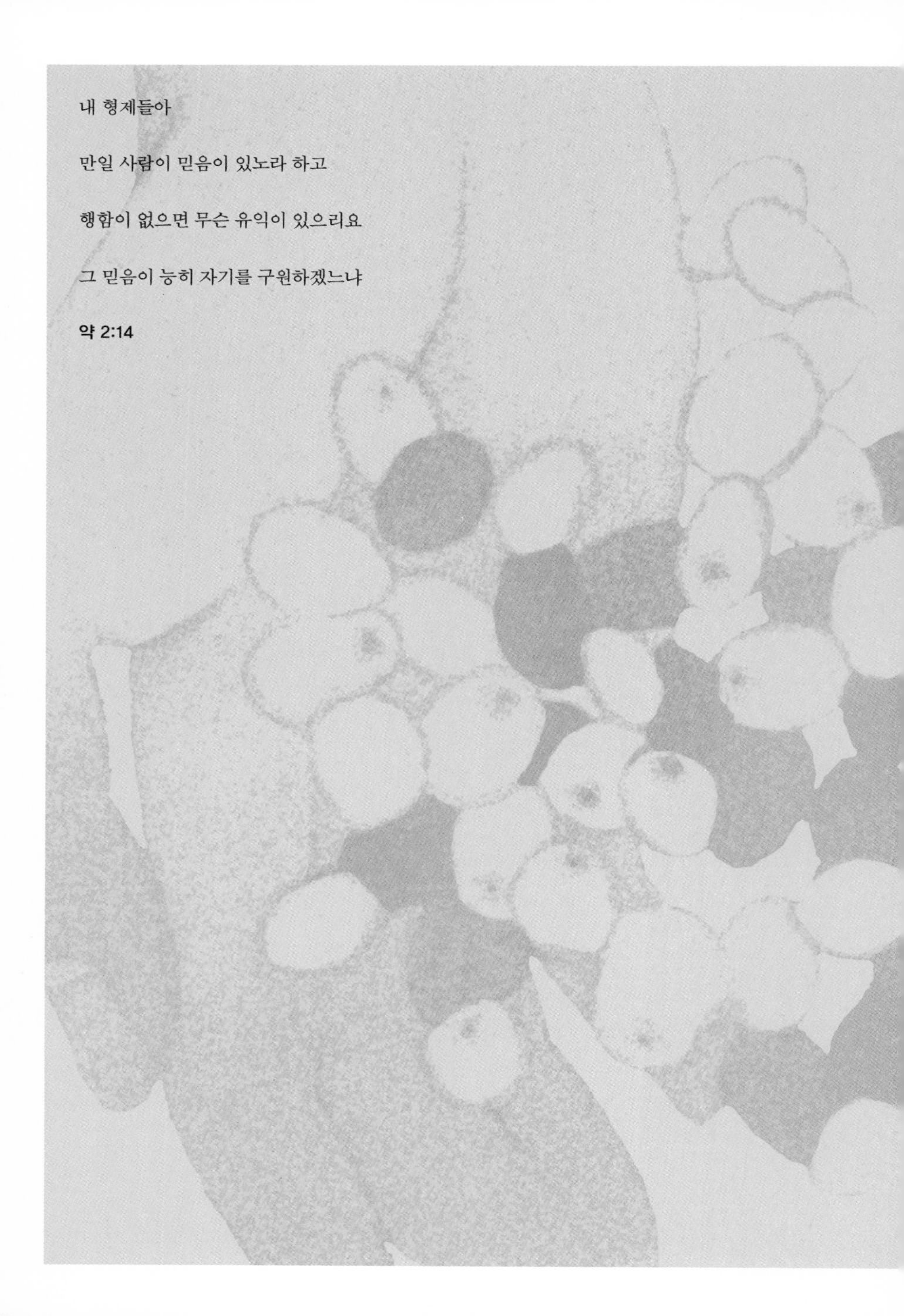

내 형제들아

만일 사람이 믿음이 있노라 하고

행함이 없으면 무슨 유익이 있으리요

그 믿음이 능히 자기를 구원하겠느냐

약 2:14

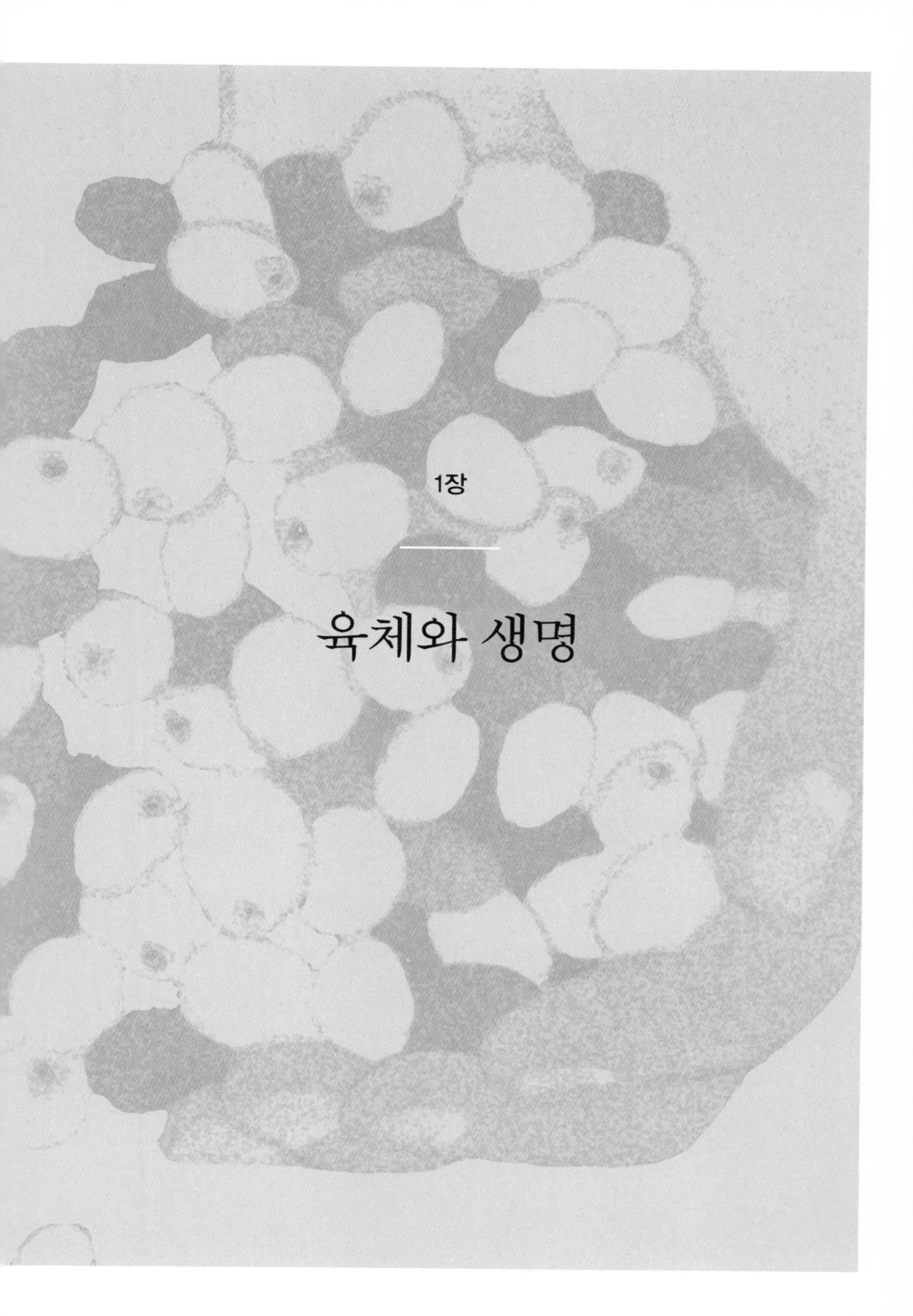

1장

육체와 생명

깨달음과 실천

내가 근무하는 대학에서 한 항공사와 제휴하여 훌륭한 객실승무원을 양성하기 위한 프로그램을 신설했다. 그 항공사에서 신입사원 교육을 담당하고 있는 직원의 이야기에 따르면, 선배 객실승무원이 실제로 승객과 있었던 일을 경험담으로 들려주는 것이 교육 효과가 가장 크다고 한다.

그 담당자는 한 선배 승무원이 연수 시간에 반드시 들려주는 예화가 있다고 하면서 다음과 같은 이야기를 들려주었다.

선천적 중도심신장애가 있는 아들을 집에서 돌보던 부부가 있었다. 아들은 마흔 살에 폐렴으로 갑자기 세상을 떠났다. 부모는 깊은 슬픔에 빠져 오랜 시간 집밖으로 나가지 않은 채 은둔생활을 했다. 그러나 그런 생활을 계속할 수는 없기에 아들의 사진을 액자에 넣어 함께 여행을 떠나기로 했다.

비행기를 타고 여행하던 어느 날, "왼쪽 창문으로 후지산이 보입니다"라는 기내 방송이 들려왔다. 어머니는 급히 사진을 꺼내 창가에 세워놓았다. 아들에게 꼭 후지산을 보여주고 싶었기 때문이다. 그때 음료를 서빙하던 객실승무원이 다가왔고, 그 부부는 주스를 주문했다.

객실승무원은 두 사람에게 주스를 건넨 후에 한 잔을 더 따라서 "이건 창가에 계신 분께"라고 말하며 건네주었다. 이 일에 감동한 부부는 비행기에서 내리자마자 항공사 사무실로 가서 "직원 교육을 정말 훌륭하게 하고 계시네요" 하고 말하며 감사 인사를 했다고 한다.

이 객실승무원은 뛰어난 감성을 가지고 있었다. 내 친구 중에 감성에 대한 연구를 하고 있는 사회심리학자가 있는데 그 친구의 말에 따르면 감성에는 '깨달음'과 '감동'과 '실천'이라는 세 가지 요소가 있다고 한다.

무엇을 보고 체험했을 때 지금까지의 상황과 다르다는 것을 알아차리고, 그것에 감동하고, 그에 따라 어떤 행동을 취하는 것이 감성이라고 한다. 깨달음과 감동만 있어서는 안 된다. 그에 따른 행동이 취해질 때 감성이 완성된다.

창가의 사진을 보면서 사진과 함께 여행하는 부부에게 감동하여, "창가에 계신 분께"라는 말과 함께 주스를 건넨 그 객실승무원은 훌륭한 감성을 가졌다고 할 수 있다. 그 승무원이 감동만 하고 행동은 하지 않았다면 승객이 감사를 표하는 일도 없었을 것이다.

나는 이 이야기를 듣고 행동이 따르는 신앙에 대해 생각했다. 그리고 이 성구가 떠올랐다.

내 형제들아
만일 사람이 믿음이 있노라 하고
행함이 없으면 무슨 유익이 있으리요
그 믿음이 능히 자기를 구원하겠느냐

약 2:14

성경에서 신앙은 행함이 있어야 한다고 가르친다. 아무리 신앙에 기초한 사랑이 있다 해도 그 사랑이 구체적인 행함으로 이어지지 않으면 소용이 없다.

존재, 그 자체가 소중하다

의료현장에서는 생각지도 못한 상황을 만날 때가 종종 있다. 무뇌증에 가까운 상태로 태어난 어린 환자의 일도 그런 경우였다. 그 아이는 15년째 호흡기에 의존한 채 세상과 아무런 소통도 하지 못하며 생명을 이어가고 있었다. 담당 의료진이 아이의 부모를 상담해달라고 요청해왔다.

의료진은 아이가 여러 차례 폐렴을 앓았고 그때마다 치료를 해왔지만, 이런 상태로 계속 살게 도와주는 게 옳은 일인지 의문을 품게 되었다고 한다. 아이의 부모와 몇 번이나 만나 이야기를 나누었지만 의견 일치를 보지 못했다. 부모 사이에 의견이 서로 달랐다.

아버지는 그런 식으로 생명을 연장하는 것에 반대하는 듯했지만 어머니는 어떻게든 계속 살 수 있게 해주길 바랐다. 나는 어머니와 오랫동안 이야기를 나누었다.

어머니가 말했다.

"비록 반응이 없어도 살아만 있어주면 좋겠어요. 저 아이의 존재, 그 자체가 소중하니까요."

"존재, 그 자체가 소중하다"는 말이 내 마음에 매우 인상 깊게 남았다. 호스피스에서도 같은 말을 들었다. 70대 말기 폐암 환자(남성)가 입원했는데 증상이 악화되어 호흡하는 것도 힘들 정도였다.

환자와 가족은 조금이라도 안정을 취할 수 있게 해달라고 했다. 링거 속에 소량의 진정제를 넣었더니 환자는 의식이 조금 희미해지긴 했지만 상당히 편안해졌다. 그러나 대화는 전혀 할 수 없는 상황이었다. 그렇게 며칠이 지났다.

회진 후에 가족과 이야기를 나누었다.

"이런 상황에서 매일 환자를 간호하며 지켜보는 것이 힘드시겠어요."

환자의 가족 중 딸이 말했다.

"비록 반응이 없어도 아버지가 살아 계셔주시는 것만으로도 충분해요. 아버지의 존재, 그 자체가 소중하니까요."

나는 거듭 '존재, 그 자체'라는 말을 들었다.

말기 암으로 쇠약해지면 일상생활이 불가능해진다. 걷기와 세수하기는 물론이고 배변과 목욕, 옷 입고 벗기 등을 할 수 없게 된다. 건강할 때는 아무런 불편함 없이 자연스럽게 해 오던 일이 불가능해지면서 다른 사람의 도움을 받아야 한다. 이것은 환자 입장에서는 너무나 괴로운 일이다.

결국 환자는 스스로 앉지도 서지도 못한 채 누워만 있게 된다. 그런 상황에서 많은 환자는 다른 사람에게 폐를 끼치기 싫다는 생각을 하기 마련이다. 특히 생활의 모든 면을 가족과 의료진에게 의존하게 되면 환자는 "이런 상황에서 더는 살고 싶지 않다. 빨리 가고 싶다"라고 말하기까지 한다. 그런 환자에게는 "힘드시죠?"라는 말밖에 할 말이 없다.

나는 가끔 이렇게 덧붙이기도 한다.

"하지만 가족은 당신이 어떠한 상황에서도 살아주길 바라고 있어요. 가족에겐 당신의 존재 자체가 소중하니까요."

존재 그 자체가
소중하다

생명의 질과 생명의 신성함

노년의학회가 종말기(질병이나 노쇠, 사고 등으로 인해 죽음으로 향하는 인생 최후의 시기)를 맞이한 고령자의 위루(PEG, 인공관을 삽입해 영양을 공급하는 것) 등 인공영양 상태를 조사한 결과 1,000명의 의사 중 절반 정도가 1년 이내에 환자에게 투약을 중지하거나 투여량을 줄인 경험이 있다고 답했다.

의학적인 이유 외에도 가족이 바라고, 환자 본인이 고통을 줄이는 데 도움이 되지 않는다고 판단했기 때문이다. 지금까지 1분 1초라도 생명을 연장시키는 것을 사명으로 생각해 오던 의사가 환자의 생활의 질과 가족의 생각을 존중하면서 환자의 죽음과 마주하기 시작한 것이다.

학회에서는 2012년 6월 말에 종말기 고령자의 인공영양에 대한 지침을 발표했다. 이는 증상과 연령뿐만 아니라 환자 본인의 가치관과 삶의 방식을 고려해서 의료진과 환자, 가족이 충분히 의견을 나눈 후에 투약 여부를 결정해나가자는 것이다.

인공영양 투여의 중지 여부도 선택권을 주자는 학회의 지침은 환자 본인의 생각보다 가족의 사정이 우선시되어서는 안 된다는 뜻을 담고 있다.

환자를 돌볼 형편이 안 되니까 인공영양은 투여하지 않았으면 좋겠다는 가족이 있는가 하면, 환자의 연금 수령을 목적으로 어떠한 상태에서라도 환자가 오래 살아주길 염원하는 가족이 있다.

가족의 형편이 환자의 생명을 연장하는 기준이 되지 않도록 하기 위해서는 종말기를 어떻게 맞이하고 싶은지, 인생을 어떻게 마무리하고 싶은지 미리 정해서 가족에게 확실히 알려주는 게 중요하다.

내가 오랜 기간 종사해온 호스피스 완화케어는 다양한 전문가로 구성된 팀이 치료가 불가능한 종말기 환자들과 가족들의 삶의 질(Quality of Life, QOL) 향상을 기반으로 그들이 쾌적한 여생을 보낼 수 있도록 도와준다. 완화케어의 요건은 다음의 다섯 항목이다.

1. 생명을 존중하며 예외 없이 찾아오는 죽음의 과정에 경의를 표한다.
2. 죽음을 가속화한다든지 늦추는 행위를 하지 않는다.
3. 통증과 그밖의 불쾌한 신체 증상을 완화한다.
4. 정신적, 사회적 원조를 제공하고 환자에게 마지막 순간까지도 살아 있다는 사실에 의미를 찾을 수 있도록 영적 돌봄(spiritual care)를 실시한다.
5. 환자의 가족이 고통과 어려움에 잘 대처할 수 있도록 환자의 요양 과정부터 사별 후까지 돌본다.

환자가 삶의 마지막 순간까지 한 사람의 인간으로서 사람답게 살도록 돕는 게 말기 의료의 목적이다. 생명은 본인 자신의 것이다. 주위 사람은 그가 어떤 상태가 되어도 그의 생명의 신성함(Sanctity of Life, SOL)을 존중해야 한다.

삶의 질의 존중만을 목표로 한 나머지 생명의 신성함에 시선을 두지 않는 태도는 용납될 수 없다. 하나님께서 주신 삶의 질과 생명의 신성함, 양쪽 모두에 시선을 집중해야 한다.

주류와 본류

요즘 주류(主流)와 본류(本流)의 차이에 대해 자주 생각하게 된다. 주류라는 것은 말 그대로 큰 흐름을, 본류는 진정한 흐름을 뜻하는 것 같다. 강에는 반드시 수원지가 있다. 호수가 수원일 경우는 다르겠지만 상당히 큰 강도 수원을 따라 올라가면 산간에서 용수(湧水)를 발견하기도 한다.

용수가 모여 점차 강의 형태를 이루고 본류가 생긴다. 더욱이 강폭이 넓어지면 작은 물줄기가 모여 이루어진 주류는 큰 흐름이 되어 바다로 흘러간다.

이런 관점에서 보면 내과와 외과의 치료의학은 주류이지만 본류가 아니고, 완화의학은 주류가 아니지만 본류가 아닐까 생각한다. 의학의 역사를 거슬러 올라가면 원래 의학의 목적은 고통을 완화하는 것이었다. 병의 원인을 찾아서 치료법을 생각하기 전에 먼저 통증을 가라앉히는 게 더 중요한 일이었다.

의학의 본류는 증상의 완화였다. 하지만 시간이 흐르면서 의학은 병의 원인을 규명하고 치료법을 발견하는 데 주력해왔다. 병을 고치는 것과 치료하는 것이 어렵다면 연명하는 것이 의학의 주요한 흐름, 즉 주류가 된 것이다.

현재 의학의 주류가 '치료'와 '연명'이라는 점에서 볼 때 의학은 상당히 발전했다고 할 수 있다. 예를 들어 이전에는 죽음의 병이었던 결핵을 고칠 수 있게 되었고, 인공호흡기를 달면 상당 기간 생명 연장도 가능하게 되었다.

현재 의학의 주류는 병원의학이다. 병원에서 주로 하는 일은 검사와 진단, 치료, 연명이다. 치료 가능한 병에 관해서는 병원이 상당히 좋은 성과를 내지만, 치료를 해도 낫지 않는 병에 관해서는 연명 외에 적절한 대처가 불가능하다. 유감

스럽게도 병원은 죽음의 장소로 적절하다고 할 수 없다.

그러나 현실적으로는 암으로 죽는 사람의 8퍼센트가 병원에서 죽음을 맞이한다. 자택에서 죽는 암 환자는 7퍼센트에 지나지 않는다. 호스피스나 완화케어 병동에서 죽음을 맞는 환자는 8퍼센트이다.

집에서 죽음을 맞이하는 것이 본래의 흐름, 즉 본류이다. 하지만 어느새 병원이 주류가 되었다. 여기에서도 주류와 본류의 대비를 볼 수 있다.

언젠가 오랫동안 소아암을 치료해온 의사와 이야기할 기회가 있었다. 소아암의 완치율은 예전에 비해 상당히 높아졌는데, 그 치료의 주류는 항암제 투여라고 한다. 항암제가 듣지 않는 소아암 환아는 전체 환아의 20퍼센트 정도라고 한다. 그런데도 거의 모든 아이들에게 항암제를 투여하고 있으며, 그 아이들이 날로 수척해지는 모습을 보는 게 너무나 괴로운 일이라고 그는 말했다.

'완화의학'이라는 본류를 따르지 않고 '항암제 치료'라는 주류를 따른 결과는 종종 비극으로 끝난다. 주류를 계속 타다 보면 빠져 죽을 수도 있다. 본류에 서서 '휴식'이라는 선택지도 있음을 확실하게 머릿속에 새겨두었으면 한다.

수동적인 1년

교토대학 영장류연구소의 마쓰자와 데쓰로(松沢哲郎) 교수는 사람과 침팬지의 차이에 대해 많은 연구를 하고 있다. 그의 설명에 따르면 두 존재의 유전자적 차이는 불과 몇 퍼센트에 지나지 않지만 뇌의 능력은 상당히 다르다고 한다. 사람에게는 눈에 보이지 않는 걸 생각할 수 있는 능력이 있지만 침팬지에게는 그런 능력이 없다고 한다.

이 차이는 어릴 때부터 확연하게 나타나는데, 예를 들어 어린 침팬지의 시각은 사람보다 예민해서 크레용으로 그림을 그릴 수 있다. 그러나 눈과 코와 입이 없는 얼굴 윤곽만을 그린 그림을 주면 그 윤곽 주변에 덧그릴 수는 있지만 얼굴은 완성하지 못한다.

한편 유아는 눈과 코를 그려 넣는다. 마쓰자와 교수에 의하면 사람에게는 보이지 않는 것을 이미지화하고 생각하는 능력이 있다고 한다. 미래에 대해 생각하고 희망을 품기도 하고 절망하기도 하는 것은 그 때문이라고 한다.

인간의 아기는 다른 포유류와 상당히 다르다. 예를 들어 사슴과 기린, 소, 말 등의 동물은 태어나자마자 바로 일어서서 스스로 어미의 젖을 찾아 빤다. 그러나 사람은 완전히 무력한 상태로 태어나 엄마에게 전적으로 의존하며 살아가고, 1년이 지나야 겨우 독립보행이 가능하다.

스위스의 동물학자이자 생물학자인 아돌프 포르트만(Adolf Portman)은 이것을 "1년간의 생리적 조산"이라고 불렀다. 포르트만에 따르면 아기가 1년 더 엄마의 뱃속에 있었다면 태어나서 바로 걸을 수 있었겠지만 빨리 태어났기 때문에 완전히 무력하고 수동적인 생활을 한다고 한다.

그러나 나는 인간 특유의 '수동적인 1년'이 매우 소중하다고 생각한다. 이 기간이 있기에 인간은 인간다워졌을 것이다.

엄마는 이 기간에 아기에게 모유를 먹이고, 기저귀를 갈고, 안아주고, 이야기를 들려주고, 목욕을 시키는 등 세세하게 아기를 돌본다. 물론 아빠도 육아의 한 부분을 담당한다.

아기가 웃고 말을 하는 등 반응을 보이면 '사랑스러움'은 더해간다. 아기는 부모를 통해 자신의 주위에는 자신을 소중하게 여기는 사람이 있다는 감각을 키우게 된다.

정신분석학자인 에릭 에릭슨(Erik Homburger Erikson)은 이런 감각을 "기본적 신뢰"라고 불렀다. 아기는 인간 특유의 수동적인 1년 동안에 기본적 신뢰를 획득하게 되는데, 만약 엄마의 정신 상태가 불안정하거나 아기에게 적절한 보살핌을 베풀지 못하고, 또는 학대를 하면 이 기본적 신뢰를 획득할 수 없다.

인간에게는 수동적인 1년이라는 상당히 이례적인 기간이 주어진다. 이것은 다른 동물에게는 존재하지 않는 것이다. 하나님께서 왜 특별한 1년을 인간에게만 허락하셨는지 나로선 알 수 없다. 하지만 이 기간은 사람에게 사랑받는 것을 체험하고 장차 사람을 사랑하는 출발점이 되는 소중한 시간이 된다.

가시적인 자신과 불가시적인 자신

자신의 얼굴을 직접 본 사람은 없다. 우리는 보통 거울로 자기 얼굴을 본다. 그러나 거울에 비친 얼굴은 진짜 얼굴이 아닌 형상에 불과하다. "거울에 비친 형상"이라는 말이 이 사실을 말해준다.

얼굴과 달리 손과 발은 직접 볼 수 있다. 하지만 거울에 비추어본 손바닥의 형상과 육안으로 직접 보는 손바닥은 다르다. 거울 속 형상에는 질량감이 없다. 실제로 보는 손바닥에서는 피부라는 질감과 손 전체를 감싸고 있는 볼륨감을 느낄 수 있지만 거울로 보는 형상으로는 느낄 수 없다.

자신의 얼굴을 직접 볼 수 없기 때문에 거울 속 자신의 얼굴과 실제 얼굴이 어떻게 다른지 비교할 수 없다. 그래서 자신의 원래 얼굴은 그것을 직접 본 사람의 반응에 의해서만 알 수 있다. 자신의 인상이 무섭다는 것은 그 얼굴을 실제로 보고 있는 사람의 반응에 의해서만 알게 된다.

상징적인 이야기로 비약되기는 하지만 "자녀는 부모의 뒷모습을 보고 자란다"라는 말이 있다. 부모가 자신의 등을 보고 싶다면 자신의 아이가 어떻게 자라고 있는지를 보면 된다.

조금 더 비약하자면, "가시적 자기"와 "불가시적인 자기"라는 말이 있다. 말 그대로 보이는 자신과 보이지 않는 자신이다. 가시적인 자신은 육체의 외부이자 피부로 덮여 있는 자신을 스스로 볼 수 있는 반면, 불가시적인 자신은 육체의 내부이자 점막으로 덮여 있어 외부에서는 볼 수 없다.

내가 종사해온 호스피스에서는 환자가 평온한 나날을 보낼 수 있도록 보살피는 걸 중요시한다. 그러기 위해서는 육체를 청결하게 하는 게 중요하다.

특히 더러워지기 쉬운 항문과 음부, 입 주변과 눈 주위 등은 신경을 써서 청결을 유지해야 한다. 이런 부위의 공통적인 특징은 피부에서 점막으로 들어가는 이동통로가 된다는 것이다. 우리는 피부는 볼 수 있지만 점막은 볼 수 없다. 전자는 가시적인 자신이고, 후자는 불가시적인 자신이라고 할 수 있다.

가시적인 부분은 스스로 볼 수 있기에 그 부분이 제대로 돌봄을 받고 있는지를 환자가 쉽게 알 수 있다. 반면에 불가시적인 부분은 직접 알 수가 없다. 다만 가시적인 자신인 피부와 불가시적인 자신인 점막의 이동통로가 청결하고 적절하게 돌봄을 받고 있으면 내부의 점막 부분도 괜찮을 거라고 예상하고 안심할 수 있다.

예를 들면, 항문이 청결하게 유지됨으로써 내부에 있는 점막 부분인 장도 문제가 없을 거라고 생각하는 것이다. 항문과 음부를 청결히 유지하는 것이 이렇게 깊은 의미가 있다는 걸 알게 되면 청결 유지에 대한 생각도 바뀔 것이다.

사랑과 배려의 현실적 표현

독일에서는 "유머란 사랑과 배려의 현실적인 표현이다"라고 정의한다. 이에 관해 내 작은 경험을 말해보겠다.

호스피스에 식도암 말기로 입원중인 중년 여성이 있었다. 식도 협착이 진행되어 고형물을 전혀 넘기지 못했다. 좋은 방법이 없을까 고민하면서 환자에게 "좀 어떠세요?" 하고 물었다. 그러자 그 여인은 "아무것도 넘길 수가 없어요" 하고 슬픈 듯이 대답했다.

그때 문득 조금 우스운 말이 떠올라서 조금 시간을 두고 이렇게 말했다.

“흐무러진 국물이라면 흐물흐물 넘어갈지도 모르겠네요.”

그러자 환자가 유머로 말을 받았다.

“그렇겠네요. 저도 하루 종일 흐무러지게 잠만 잘게 아니라 흐물거리는 국물에 도전해 봐야겠어요.”

곁에 있던 남편이 한 술 더 떠서 이렇게 말했다.

“저도 흐들갑스러운 남편이긴 하지만 흐물거리는 국물 정도는 사올 수 있지요.”

그 후 남편이 다랑어 국물을 사와서 환자에게 먹여보았더니 흐물흐물한 국물이 말 그대로 흐물흐물 목을 타고 넘어갔다고 한다. 아주 작은 에피소드에 불과하지만 헤아리는 마음을 현실적으로 표현함으로써 사소한 유머가 작은 기적을 일으킨 것인지도 모른다.

어느 잡지 대담에서 이 이야기를 고(故) 가와이 하야오(河合

隼厷仕, 임상심리의 대가, 전 일본 문화청 장관) 선생께 말했더니 이렇게 말씀하셨다.

"이것은 주치의의 유머 감각이 환자의 식도에 음식이 넘어가게 한 귀중한 사례로군요."

익살과 유머는 다르다. 익살을 머릿속에서 생각해 바로 입 밖으로 내면 단순한 익살(경우에 따라 서툰 익살)로 끝난다. 그러나 머리에 떠올린 익살을 바로 말로 꺼내지 않고 한번 마음에 담았다가 표현하면 유머가 된다.

조금은 자기 자랑처럼 되어버렸지만 앞서 말한 '흐물거림'은 익살이 아니라 유머라고 생각한다. 머릿속에서 생각난 흐물거림이라는 단어를 바로 말하지 않고 마음에 담은 후 "흐물흐물 넘어갈지도 모르겠네요"라고 말한 것은 익살을 유머로 승화시킨 일이 아닐까?

나는 성경을 읽으면서 예수님도 풍부한 유머 감각을 갖고 계셨다고 생각했다. 그분은 누구나 이해할 수 있는 표현으로 사람들에게 신앙의 진수를 전하셨다.

예를 들어 “누구든지 네 오른편 뺨을 치거든 왼편도 돌려 대며”(마 5:39)와 “낙타가 바늘귀로 나가는 것이 부자가 하나님의 나라에 들어가는 것보다 쉬우니라”(막 10:25) 등의 말씀은 그분의 탁월한 유머 감각에서 나온 것이다.

유머는 사랑과 배려의
현실적인 표현이다

인체는 소우주

서문에도 썼지만 의대생이었을 때 나는 조직실습 수업을 좋아했다. 인체 여러 부분의 조직을 염색해서 얇게 저민 후 현미경으로 보는 시간이었다. 예를 들어 간의 절단면에는 간세포가 빽빽이 차 있고 그 정중앙은 혈관과 신경으로 연결되어 있는데, 이것은 마치 하늘을 나는 비행기 안에서 창밖으로 내려다보는 밭처럼 매우 아름답다.

수업이 진행됨에 따라 인체의 신비로움을 더 자세히 알게 되었다. 폐는 폐 세포들의 작은 집합체인데, 이 세포를 하나씩 잘라서 늘어놓으면 총면적이 약 70평방미터로, 테니스 코트의 한 면 정도가 된다.

"인체는 소우주"라는 말을 자주 듣는데, 정말 말 그대로이다. 인체에는 약 60조 개의 세포가 있다. 그 세포들이 생명을 유지하기 위해서 여러 가지 일을 하는데, 특히 혈관은 영양분과 산소를 운반하는 중요한 역할을 한다. 온몸에 퍼져 있는 혈관과 모세혈관을 연결하면 약 9만 킬로미터가 된다. 이는 지구를 두 바퀴도 넘게 도는 길이다.

더 대단한 것은 뇌이다. 대뇌엔 140억 개, 소뇌에는 1천억 개의 세포가 있다. 하나하나의 세포에는 돌기가 있어 이것을 합치면 1백억 개가 된다. 이 돌기를 연결하면 달과 지구를 25번 왕복하는 길이다.

각각의 세포에는 DNA가 있는데, 그것을 연결하면 180센티미터가 된다. 한 사람의 DNA를 연결하면 1천억 킬로미터, 지구와 태양을 200번 왕복하는 길이다. 그야말로 인체는 소우주이다.

더 놀라운 건 이 소우주적인 인체가 직경 0.1밀리미터의 난자와 0.06밀리미터의 정자의 합체로 이루어진다는 것이다.

이것은 하나님의 역사하심이다. 나는 의학부에서 수업을 받을수록 인체는 하나님이 만드셨다는 확신이 들었고, 이것이 내 신앙의 원천이 되었다.

최근 생명 교육의 소중함이 강조되고 있다. 집단따돌림이 원인이 되어 자살을 선택한 어린 학생의 모교에서 교장선생님이 말했다.

"앞으로 학생들에게 생명의 소중함을 더 신중하게 가르칠 필요가 있다고 생각합니다."

나는 자살과 살인에 관한 기사를 볼 때마다 사람들이 자기 몸에 있는 소우주적인 신비를 확실히 이해한다면 비극을 피할 수도 있을 거라는 생각이 든다.

자살이든 살인이든, 생명이 끊어진다는 것은 60조 개의 세포가 죽는 것을 의미한다. 한 사람의 생명이 종말을 맞는다는 것은 9만 킬로미터의 혈관이 움직임을 멈추는 것이다. 몸을 움직이고 사물을 생각하며 뇌 운동을 활성화하는, 지구와 달을 25번이나 왕복할 수 있는 세포의 네트워크가 정지되는 것이다. 이렇게 생각하면 한 사람이 죽음을 맞는다는 건 엄청나게 중대한 일이다.

죽는다는 것, 남겨진다는 것

지난번 교토에서 개최된 죽음임상연구회에서 오사카대학의 총장이었던 와시다 기요카즈(鷲田清一) 선생님이 "죽는다는 것, 남겨진다는 것"이라는 독특한 주제로 특강을 하셨다. 배울 게 너무나 많은 훌륭한 강연이었다.

'죽는다'는 동사는 영어 문법에서는 자동사이다. 자동사에는 본래 수동형이 없다. 수동형이 있는 것은, 그를 '때린다', 그에게 '맞는다'와 같이 목적어를 갖는 타동사이다. 그러나 일본어에는 자동사에 수동형이 있다. '죽는다'(死なれる), '떠나다'(去られる), '도망가다'(逃げられる), '운다'(泣かれる), '눌러앉다'(居すわられる), 비를 '맞다'(降られる) 등이다.

이들의 공통점은 '감정의 상태가 좋지 않다'는 것이다.
"아내가 먼저 세상을 떠나버렸다"(妻に先に死なれてしまった。).
이렇게 말하는 경우도 상황이 좋지 않음을 표현하기 위해 수동형을 사용했다고 볼 수 있다.

'간호하다'라는 타동사에는 '간호받다'라는 수동형이 존재한다. 몇 년 전 부인을 떠나보낸 에이 로쿠스케 씨가 지은 시다.

> 간호받으려 했다가 간호하는 겨울 동백꽃
> (看取られるつもりが看取りの寒椿)

아내가 먼저 세상을 떠나버린 남편의 쓸쓸함이 진하게 전해진다. 왠지 자동사의 수동형이 독자적인 '달랠 길 없음, 풀지 못하는 마음'을 표현하고 있는 것 같은 생각이 든다.

언어가 어떻게 사용되는지를 집중해서 생각하다보면 새로운 통찰을 얻기도 한다. 그 하나의 예가 "태어나다"라는 말이다. 일상적인 대화에서는 대부분의 경우에 "아기가 태어나다"라고 말한다. 인간이 이 세상에 탄생하는 건 수동형으로 표현된다. "아기를 주시다"라는 말도 수동형이다.

물론 "이렇게 작은 몸으로 저는 세 명의 아이를 낳았습니다"와 같이 능동적인 표현도 있지만, 아기가 탄생할 때는 "어머니가 아기를 낳았다"가 아니라 "아기가 태어났다"라고 표현한다. '태어나다', '주시다'가 수동형인 이유는 하나님의 존재가 전제되어 있기 때문이라고 생각한다.

달걀의 경우는 어떤가? 우리는 "닭이 알을 낳았다"라고 표현한다. "막 낳은 달걀"이라고 하지 "막 태어난 달걀"이라고는 말하지 않는다. 알에서는 생생한 '생명'을 느낄 수 없다. 그래서 달걀을 깨서 요리에 사용하는 것이다.

병아리의 탄생은 어떨까? 우리는 "병아리가 태어났다"라고 말하거나 "알이 병아리를 낳았다"라고 말하지 않는다. "알에서 병아리가 부화되었다"라고 말한다. 일본어의 독특한 수동형에서 사람의 탄생과 죽음의 한 단면을 생각해보았다.

'태어나다'라는 수동형에서 인간은 하나님에 의해 생명을 부여받았다는 걸 배울 수 있다. 또 '죽는다'(死なれる)라는 수동형 동사를 통해서 죽는 사람을 돌봄과 동시에 죽음을 지켜보는 사람에 대한 돌봄도 중요하다는 사실도 알 수 있다.

좋은 의미에서 말에 집착하다보면 그것의 본질에 접근하게 되는 경우도 있다.

죽는다는 것
남겨진다는 것

스포츠 선수의 빛남

스포츠에서 훌륭한 성적을 낸 선수는 사람들에게 감동을 준다. 내가 개인적으로 대단하다고 생각하는 운동선수의 예를 들어보겠다.

레슬링 여자 세계선수권대회에서 10연패를 달성하고 올림픽까지 합쳐 13개 대회 연속 세계 1위를 차지한 요시다 사오리는 국민영예상을 받았다. 골프선수 이시가와 류는 사상 최연소인 21세의 나이로 10승을 달성했다.

체조선수 우치무라 고헤는 체조 사상 처음으로 개인 종합 3연패를 달성했다. 전 일본선수권대회 남자 피겨스케이팅 부문에서 하뉴 유즈루는 18세의 나이에 일본의 에이스, 다카

하시 다이스케를 꺾고 고전 끝에 우승을 거머쥐었다. 은퇴 선언을 한 야구선수 마쓰이 히데키는 3년 전 미국 메이저리그에서 일본인 최초로 '이달의 MVP'에 뽑혔다.

스포츠는 종류도 다양해서 이런 선수들 외에도 사람들에게 감동을 전해주는 선수들이 많다. 그러나 세계를 무대로 하는 스포츠 세계에서 좋은 성적을 거두기 위해서는 말 그대로 피땀 흘리는 노력이 필요할 것이다.

세계적인 운동선수의 공통점은 '자신을 위해서'라는 의식보다는 '다른 사람을 위해서'라는 더 폭넓은 의식을 품고 있다는 것이다. 사람은 어릴 때에 재미나 흥미라는 자기본위의 이유에서 스포츠를 배우기 시작한다.

점점 능숙해지면서 프로를 꿈꾸게 된 그들은 이제 강해지는 것을 목표로 삼는다. 다행스럽게도 프로가 되고 자신의 기술이 세계에 통하면 그 기술을 남을 위해 사용하겠다는 마음이 생겨난다.

골프선수 이시카와는 우승 상금 전액을 피해지역에 보내기로 결심했다. 얼마 전 지진이 일어난 미야기 현 출신의 하오 선수는 전 일본선수권대회 우승 인터뷰에서 이렇게 말했다.

“저 역시 피해지역 출신입니다. 앞으로 더 열심히 노력해서 좋은 성적을 거두어 피해지역 주민들에게 용기를 드리는 선수가 되겠습니다.”

강한 선수가 되려는 목적이 자신을 높이기 위한 게 아니라 주위의 사람들에게 도움이 주기 위해서라는 폭넓은 의식을 갖게 된 것이다.

많은 사람에게 사랑받은 야구선수 마쓰이는 사회활동에 많이 참여해왔다. 1997년 1월, 동해에서 러시아 탱크가 좌초해 중유가 유출되는 사고가 일어났을 때는 100만 엔이 든 봉투를 들고 이시카와 현 도쿄사무소를 혼자 방문했다.

신문 보도에 의하면 그는 “많은 사람이 봉사활동을 하는데 가만히 있자니 가시방석에 앉은 것 같았습니다. 하루라도 빨리 아름다운 고향 바다를 되돌려주세요"라고 말했다고 한다. 그 외에도 수마트라 지진(2004년)과 노토반도 지진(2007년), 동일본 대지진(2011년) 등 국내외에서 큰 재해가 일어날 때마다 성금을 보냈다.

스포츠의 세계에서 일본 최고, 세계 최고가 된다는 건 보통 힘든 게 아니다. 강해지기 위해서 피나는 노력을 하지 않으면 위대한 업적을 이룰 수 없다. 그런 위대한 업적은 여러 사람에게 감동을 준다. 그러나 거기에서 한발 더 나아가 자신을 위한 노력에서 남을 위한 노력으로 시야를 넓혀갈 때, 그의 위대한 업적은 더 빛을 발할 것이다.

생명을 잇다

第37회 죽음임상연구회가 2013년 10월 2일부터 3일까지 이틀에 거쳐 시마네 현 마쓰에에서 열렸다. 이 연구회는 죽음의 임상에 있어 환자와 그 가족을 진정으로 돕는 길이 무엇인지 전인적 입장에서 연구하는 것을 목적으로 1977년에 창립된 연구단체이다. 이번 연구회의 주제는 "생명을 잇다"였고, 나는 주제에 따라 강연을 의뢰받았다.

'잇다'를 사전에서 찾아보니 가장 먼저 "끈 등으로 연결하든지 해서 하나로 만들어 떨어지지 않도록 하는 것"이라고 나와 있고, 네 번째로는 "(끊어질 것 같은 것을) 어떻게든 버틸 수 있게 하는 것"이라고 나와 있었으며, 예문으로는 "생명을 잇다"가 있었다.

이 경우에 '생명'은 '목숨'을 의미하고, 생명을 잇는 것은 생명이 종말을 맞이하려고 할 때 의학적인 수단을 사용하여 버틸 수 있게 하는 걸 의미한다. 말하자면 이때의 생명은 물리적인 것이다.

한편 "생명을 잇다"라는 말에서 의미하는 '생명'은 목숨과는 다른 것이다. 내가 존경하는 나카가와(中川米造, 오사카대학 의학철학 교수) 선생님은 돌아가시기 직전에 이렇게 말씀하셨다.

"내 목숨은 이제 끝나려 합니다. 그러나 나의 생명, 즉 내가 이 세상에 존재했던 의미와 가치관은 영원히 살아 있을 겁니다. 그래서 죽는 게 두렵지 않습니다."

선생님은 목숨과 생명을 구분해서 말씀하셨다. 생명은 물리적인 게 아니라 눈에는 보이지 않는 존재의 의미, 또는 가치관을 뜻한다. 목숨은 유한하지만 생명은 무한하다. 나카가와 선생님의 목숨은 유한해서 종말을 맞았지만 그 분의 삶은 무한해서 우리와 연결되어 있는 것이다.

종말을 맞이하는 환자의 목숨을 그의 가족이 모두 모일 때까지 링거로 연장하는 건 가능해도, 유한한 목숨은 결국 종말을 맞이한다. 그러나 그가 이 세상에 존재했던 의미와 그가 진심으로 소중하게 여겼던 가치, 즉 환자의 삶은 가족과 주위 사람들에게 계속 이어진다.

목숨을 연장하는 데에는 한계가 있다. 목숨의 종말과 함께 그 이어짐은 끊어져버려도 삶의 이어짐은 끊어지지 않는다. 사후세계의 존재를 믿는 사람에게 삶은 죽음 후에도 이어지며, 그것은 재회의 희망이 된다.

사람들의 임종을 도와주는 것을 직업으로 하는 호스피스와 완화케어에 종사하는 스태프에게 생명을 잇다는 것은 어떤 의미일까? 나는 그들이 환자와 그 가족을 돌보면서 삶에 대해 배운 것을 후세에 전해주는 것이 생명을 이어주는 일이라고 생각한다.

삶의 이어짐은 끊어지지 않는다

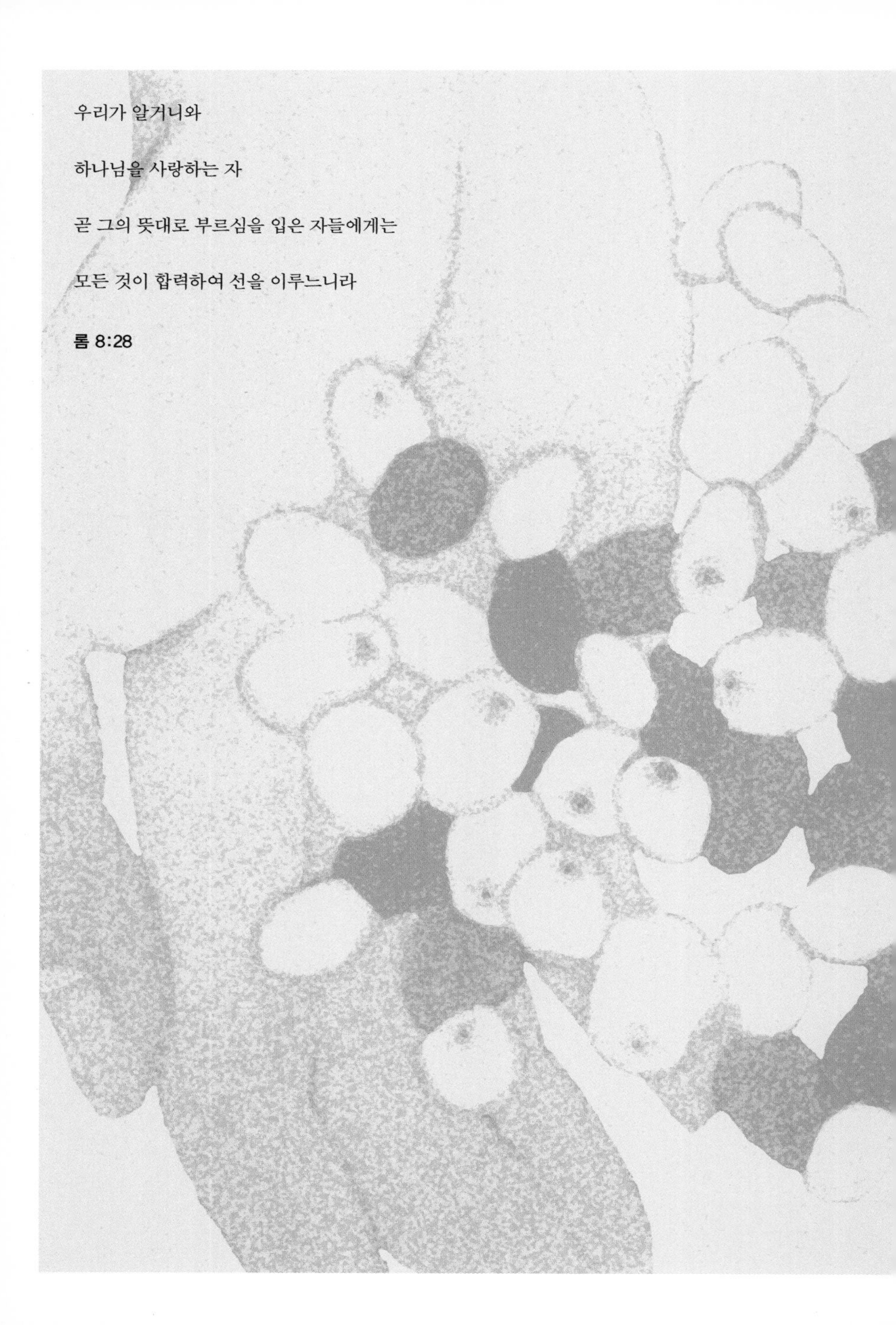

우리가 알거니와

하나님을 사랑하는 자

곧 그의 뜻대로 부르심을 입은 자들에게는

모든 것이 합력하여 선을 이루느니라

롬 8:28

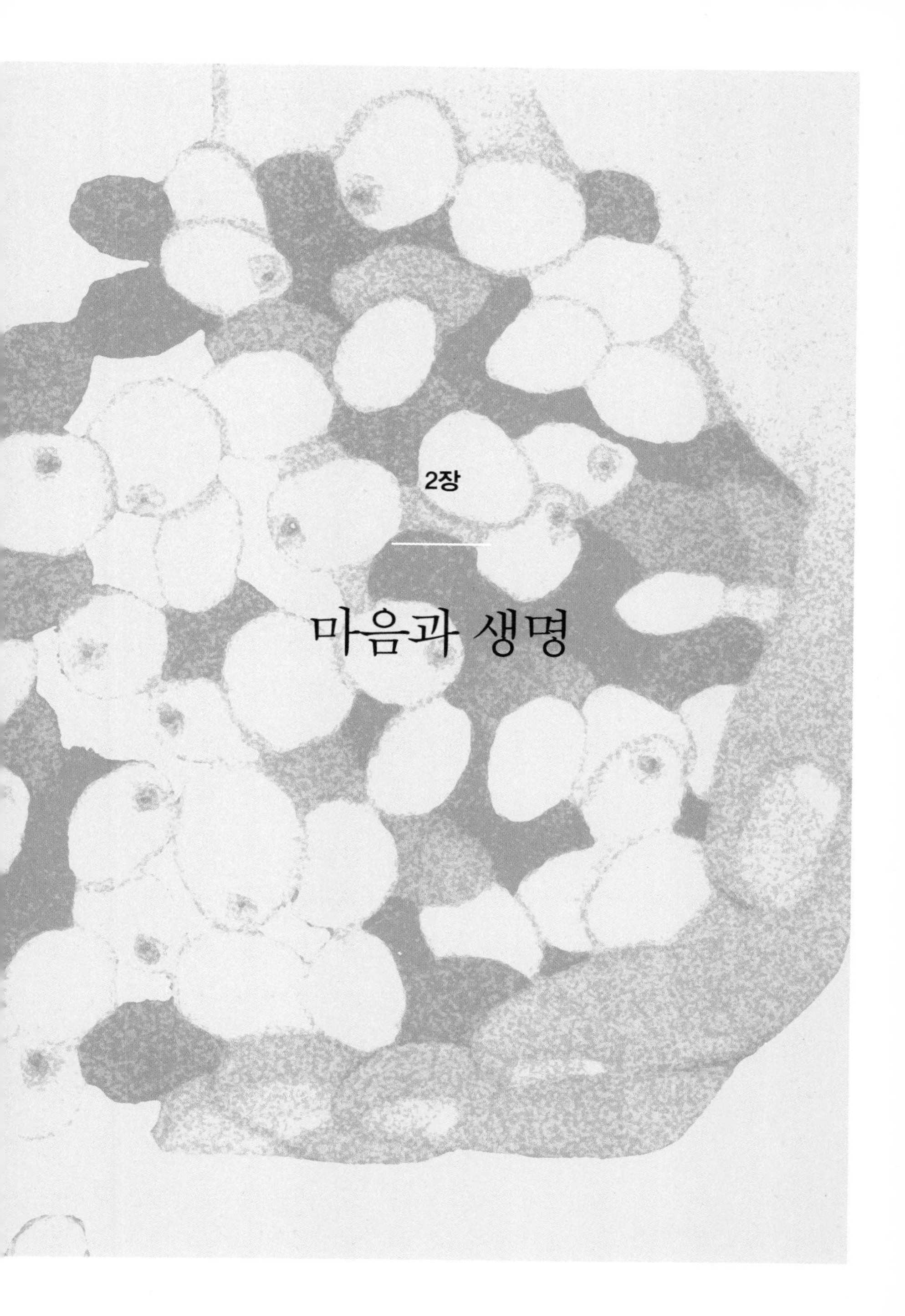

2장

마음과 생명

사명, 현명, 숙명

‘사명’(使命)과 ‘현명’(懸命)과 ‘숙명’(宿命), 이 세 단어에 대해 배우고 생각한 걸 써본다.

몇 년 전, TV에서 작가 미우라 아야코(三浦綾子)가 세상을 떠나기 전에 녹화한 방송을 봤다. 미우라는 이렇게 말했다.

“저는 소설 쓰는 걸 제 사명이라고 생각해요. ‘사명’이라는 글자는 ‘생명(命)을 사용(使)한다’라고 씁니다. 소설을 한 권 쓰고 나면 몸이 피곤해서 녹초가 되지요. 그때 생명을 사용했다는 기분이 듭니다. 아무리 피곤해도 계속해서 소설을 쓰는 게 제 사명이기 때문에 앞으로도 소설을 쓰는 데 제 생명을 소비하려고 합니다.”

이 말을 듣고 매우 감동했다. 사명은 생명을 소비하는 것이다. 젊은이들은 반드시 자신의 사명이 무엇인지, 자신의 생명을 어떻게 쓸 것인지를 생각했으면 한다.

두 번째는 현명이다.

74세가 된 한 의사가 세토나이카이(瀬戸内海)의 작은 섬에 있는 진료소에서 몇십 년째 도민을 위해 의료 활동을 계속하고 있다. 그가 TV에 출연해서 이렇게 말했다.

"저는 이 작은 섬의 진료소에서 지금까지 열심히[懸命] 살았습니다."

방송을 보면서 이 의사가 작은 섬의 진료소에서 목숨을 걸고 살아왔다는 걸 알 수 있었다. 현명은 '목숨(命)을 걸다(懸)'라고 쓴다. 목숨을 걸고 무엇인가를 하는 건 인생에서 상당히 소중한 일이다. 무엇에 목숨을 걸지 생각하고, 그것을 발견했을 때는 목숨을 걸고 그 길을 걸어가야 할 것이다.

세 번째는 숙명이다.

이 단어에는 조금 부정적인 뉘앙스가 있는 것 같다. 74세의 의사가 방송의 거의 막바지에 이렇게 말했다.

"저는 이 섬에 뼈를 묻을 작정입니다. 여기서 계속 진료를 하다가 이곳에 묻히는 게 제 숙명이라고 생각합니다."

하지만 "생명(命)이 머문다(宿)"라는 의미의 숙명을 이 의사가 말했을 때 결코 부정적인 의미가 아닌, 생명이 머문다는 긍정적인 인상을 주었다. 따라서 우리도 사명감을 가지고 목숨을 걸고 열심히 사는 게 숙명이라고 생각하며 살아갔으면 한다.

창세기에는 "하나님이 흙으로 사람을 지으시고 생기를 그 코에 불어넣으시니 사람이 생령이 되니라"(2:7)고 되어 있다. 우리는 하나님께서 생기를 코에 불어넣어주신 존재이다. 한 사람 한 사람이 사명, 현명, 숙명이라는 세 단어를 가슴에 품고 좋은 삶을 살기 바란다.

사명 현명 숙명

세 가지 이별의 말

어느 해인가 오사카에서 열린 죽음임상연구회에는 약 2,500명의 의사와 간호사가 참석했다. 이 연구회는 앞서 이야기했듯이 말기 환자와 그 가족을 어떻게 지원할 것인지를 논의하는 모임이다.

연구회에서는 가끔 유족에게도 강의를 청해서 그 내용을 의료진이 임상에 참고하기도 한다. 그해 페널 토론의 주제는 "슬픔에 빠진 사람들과 함께"였는데, 76세의 K씨가 "그 후 12년: 행복한 4인 가족이 한 사람으로"라는 이야기를 들려주었다.

그는 10년 전에 부인을 급성심장병으로, 큰딸을 위암으로,

작은딸을 유방암으로 잃었다. 배우자나 자녀와 사별하는 건 그 자체로도 너무나 큰 슬픔인데 연달아 세 명의 가족을 잃은 것이다. 그가 말했다.

"정말로 외로운 건 지금부터이겠지만 먼저 떠난 세 사람을 만나면 선물로 즐거운 이야기를 들려주고 싶은 게 제 바람입니다."

죽을 때까지 혼자서 외롭겠지만 훗날 만날 가족이 "그건 정말 잘했네"라고 기뻐할 수 있도록 살면서 즐거운 이야깃거리를 만들어 선물하고 싶다는 그의 말이 내 가슴을 뭉클하게 했다. 얼마나 좋은 말인가! 그 말 속에는 확실한 재회의 소망이 있다.

이어서 조치대학의 다카키 게코(高木慶子) 교수가 "슬픔을 함께하다"라는 주제로 특별강연을 했다. 장기간에 걸쳐서 말기 암 환자의 마음과 영혼을 보살펴온 경험을 통해 그가 말했다.

"돌봄의 목적은 환자가 자기 자신의 인생을 긍정할 수 있도록 돕는 것입니다. 그리고 세 가지 말, 즉 감사의 말, "고맙습니다"와 사죄의 말, "미안합니다", 재회의 말, "다시 만납시다"를 할 수 있도록 돕는 데 있습니다."

K씨의 부인은 갑자기 죽었기 때문에 이별의 말을 남길 수 없었겠지만 딸들은 "아버지, 여러 모로 감사했어요"라고 말하지 않았을까 짐작해본다. 어쩌면 "다시 만나요"라고 말했을지도 모른다.

사랑하는 가족과 사별하는 건 정말 슬픈 일이지만 그것을 피할 수는 없다. 죽음을 자각하고 "고마워요", "미안해요", "다시 만나요"라고 말할 수 있고, 또 그렇게 말해주는 가족관계를 건강할 때 미리 만들어두자.

고마워요
미안해요
다시 만나요

감사한다는 것

지난해에 세상을 떠난 엘리자베스 퀴블러 로스(Elizabeth Kubler Ross, 미국의 정신과 의사로 말기 케어의 대가)는《Death》(죽음)라는 책을 썼다. 부제는 "성장의 최후 단계"(The final stage of growth)이다. 저자는 많은 말기 환자를 만나본 결과, 인간은 최후의 순간까지 성장한다는 사실을 발견했다고 주장했다.

나도 많은 말기 환자를 돌본 호스피스 의사로서 이 말에 동의한다. 그러면 최후 단계의 성장 내용은 어떤 것일까? 그것은 '감사'와 '수용'이다.

살면서 주위 사람에게 감사의 말을 전하는 것에 인색했던 사람이 죽음을 앞두고 가족과 호스피스 스태프에게 감사한 마음을 갖게 되는 게 성장이다. 자신에게 불리한 일이 생겼을 때 그것을 잘 받아들이지 못했던 사람이 무엇보다 수용하기 힘든 죽음을 받아들인다. 그 모습을 통해 인간은 마지막까지 성장하는 존재라는 걸 알 수 있다.

뉴질랜드의 호스피스 시설을 방문했을 때 자서전요법(自分史療法)이라는 독특한 케어 방법을 접하게 되었다. 이것은 잡지 기자 출신인 여성 자원봉사자가 환자의 일생을 한 권의 책으로 완성하는 데에서 시작된 방법이다.

환자의 어릴 적 추억과 경험, 가정생활 등을 면담과 인터뷰 형식으로 녹취하여 그 내용을 책으로 풀어쓴다. 표지는 환자의 사진으로 한다. 이렇게 한 권의 책을 완성하는 과정을 통해 환자는 변화되고 성장한다고 한다. 인생을 돌아보면서 자신이 얼마나 많은 사람의 도움을 받으며 살아왔는지를 깨닫고 감사하는 마음을 갖게 되는 것이다.

내관요법(內觀療法)이라는 정신요법이 있다. 아주 가까운 사람들(부모, 배우자 등)이 자신에게 해준 일, 자신이 상대방에게 해준 일에 대한 구체적인 사실을 과거부터 현재까지 조사하는 기억회상요법 중 하나이다.

말기 환자는 침대 위에서 자신의 인생을 돌아보면서 스스로 자연스럽게 내관요법을 하고 있는 셈이다. 이 요법의 결과로 자신이 사람들에게 해준 것보다 받은 게 훨씬 많았다는 걸 깨달으면서 주위 사람에게 감사하는 마음이 생겨난다.

인생을 총결산하는 시점에서 인간으로서 훌륭한 성장을 하는 사람들을 보면, 사람에게는 죽기 직전까지 성장하는 힘이 있다는 걸 새삼 느낀다. 나는 이런 성장을 "최후의 도약"이라고 부른다.

성경 여러 곳에서도 감사함의 소중함을 일깨워준다. 특히 내 가슴에 새겨둔 말씀은 데살로니가전서 5장 18절의 "범사에 감사하라 이것이 그리스도 예수 안에서 너희를 향하신 하나님의 뜻이니라"이다.

근거 있는 낙관주의

2010년 노벨화학상에 두 명의 일본인이 선정되었다. 홋카이도대학 공학부의 명예교수인 스즈키 아키라(鈴木 章)와 미국의 퍼듀대학 교수인 네기시 에이치(根岸 英一)이다.

TV에서 두 사람이 은사인 고(故) 허버트 브라운 박사에 대해 이야기하는 부분이 매우 흥미로웠다. 브라운 박사도 노벨화학상 수상자로 스즈키와 네기시 두 사람을 예측했다고 한다.

브라운 박사가 연구에 임하는 과학자로서의 중요한 자세와 사고방식에 대해 제자들에게 늘 강조해온 것이 있다. 바로 "Eternal Optimism"(끝없는 낙관주의)이다. 화학자가 새로운 물질을 만드는 일에 도전할 때 중요한 것은 반복되는 실험에도 포기하지 않고 될 때까지 여러 방법으로 실험하는 인내심과 꾸준한 노력이다.

그 과정에서 필요한 것이 끝없는 낙관주의이다. 한두 번 실패했을 때는 그것이 성공을 향한 하나의 단계라고 생각하고 서너 번 더 도전할 수 있다. 하지만 거듭된 연구와 실패 앞에서 인간은 대부분 비관적이 된다.

그러나 브라운 박사가 권하는 자세는 낙관적인 생각(Optimism)을 끝없이(Eternal) 이어가라는 것이다. 몇 번이나 실패를 하더라도 반드시 잘 될 거라고 생각하는 낙관적인 자세가 과학자에게 필요하다는 것이다.

스즈키와 네기시의 업적도 셀 수 없는 실패를 거듭한 끝에 올린 성과일 것이다. 그 과정에서 두 사람을 지탱해온 것이 끝없는 낙관주의였다.

심리학자인 수잔 세거스트롬(Suzanne C. Segerstrom)이 자신의 저서 《행동하는 낙관주의자》(Breaking Murphy's law)에서 강조하는 것도 낙관주의이다. 수잔 세거스트롬은 행복한 인생을 보내기 위해서는 사물을 낙관적으로 보는 게 중요하다고 설명한다.

세거스트롬은 권위 있는 연구를 통해서 낙관성이 면역계를 활성화해서 신체적인 건강을 가져온다는 사실도 밝혀냈다. 이 책에서는 어떤 마음자세로 일상생활을 보내면 좋은지에 대한 힌트도 찾을 수 있다.

프랑스의 철학자인 알랭(Alain)은 "비관주의는 기분의 산물이고 낙관주의는 의지의 산물이다"라는 유명한 말을 남겼다. 의지를 발동해야 한다는 것은 슬픈 일이지만, 이것을 초기에 해결하여 더 좋은 결과를 맺으려고 의식적으로 생각하는 게 낙관주의이다.

이런 자세에 신앙이 뒷받침된다면 금상첨화일 것이다. 신학자 그레고리 K. 비일(Gregory K. Beale)은 "주 안의 평안함"이라는 말을 했다. 난처한 일이 생겨도 "어떻게든 되겠지"라는 믿음으로 가볍게 받아들이면 얼마나 편해지겠는가!

나는 근거 있는 낙관주의로 살아가기를 원한다. 낙관주의는 단순히 가벼운 생각의 영역을 벗어나지 못하겠지만 근거 있는 낙관주의는 그 근거를 성경에 두고 있기 때문이다. 로마서 8장 28절은 얼마나 위로가 되는 말씀인지 모른다.

> 우리가 알거니와
> 하나님을 사랑하는 자
> 곧 그의 뜻대로 부르심을 입은 자들에게는
> 모든 것이 합력하여 선을 이루느니라
>
> 롬 8:28

인생이라는 길을 걷다보면 정말 여러 가지 일을 만난다. 즐거운 일보다 괴롭고 슬픈 일을 더 많이 만나는 게 인생의 원칙이라는 생각이 든다. 그러나 하나님은 그 모든 것이 합력하여 선을 이루게 하시는 분이다.

하지만 조건이 붙는다. "하나님을 사랑하는 자 곧 그의 뜻대로 부르심을 입은 자"에게 선을 이루시는 것이다. 견고히 하나님께 속해 있으면 당신을 괴롭히는 시련뿐만 아니라 인생의 모든 것이 선을 이룰 것이다.

마음을 다하다

호스피스 병동에 환자가 입원하면 나는 항상 "지금 가장 힘든 것이 무엇입니까?" 하고 묻는다. 이 짧은 질문에는 두 가지 의미가 있다. 우선 환자의 괴로움을 알기 위한 것이고, 다음으로 그 고통을 완화하기 위해 노력하겠다는 의지를 환자에게 전달하는 것이다.

이 질문에 돌아오는 답변은 다양하다. 가장 많은 답변은 신체적인 고통을 호소하는 것이다. "허리가 아픈 게 가장 힘듭니다"라든가 "숨쉬기가 괴로워요" 등의 대답이 그것이다. 그러나 가끔 독특한 대답을 듣기도 한다.

초로(初老)의 여성인 A씨가 말했다.

"아무도 아들에게 시집오려 하지 않는 것이에요."

허리가 아픈 것보다 40대 아들이 결혼을 못 하는 게 더 괴롭다는 것이다. 또 95세의 은퇴 목사님은 이렇게 대답하셨다.

"일본인이 하나님을 믿지 않는 것입니다."

두 사람의 고통은 이해할 수 있었지만, 호스피스 팀이 이들의 고통을 완화하기 위해 해줄 수 있는 건 없었다. 각각의 고통은 독자적이다.

A씨는 유방암이 허리뼈까지 전이되어 상당히 고통스러웠을 텐데 그것보다 아들을 더 걱정했다. 자신에게 남겨진 시간이 그리 길지 않다는 것을 몸으로 직감한 그녀는 어떻게든 살아 있는 동안 외아들이 결혼하는 걸 보고 싶어 했다.

그 사람의 마음속에 어떤 생각이 자리 잡고 있는지는 물어보지 않으면 알 수 없다. 물론 상상하는 건 가능하지만 그것이 맞다고 확신할 수는 없다. 말기 암 환자에게 통증의 괴로움이 마음을 차지하고 있을 것이라고 예상했지만 정답은 아들의 결혼이었던 것처럼 말이다.

마음을 차지하고 있는 것과 마음을 쓰는 것은 약간 다르다. 마음을 차지하고 있는 건 주로 그의 의사와 관계없이 수동적으로 마음에 남아 있는 것이다. 따라서 그 생각은 행동으로 옮겨지거나 타인에게 알려지는 일이 거의 없다. 반대로 마음을 쓰는 것은 능동적이어서 그 생각이 행동으로 나타나기도 하기 때문에 다른 사람에게 알려지게 된다.

물론 마음을 차지하는 것과 마음을 쓰는 것이 일치하는 경우도 있다. 앞서 말한 목사님이 그랬다. 현역에서 은퇴했음에도 전도가 그의 마음을 차지하고 있어서 그것에 마음을 쓰고 있었다.

신명기 6장 5절에 "너는 마음을 다하고 뜻을 다하고 힘을 다하여 네 하나님 여호와를 사랑하라"고 쓰여 있다. 하나님을 사랑하는 일에 마음을 다하라고 성경에서 권면하고 있다. 마음을 다하면 그것이 행동으로 나타난다.

마음을 다하여 하나님을 사랑하면 그 결과로 사람에게 사랑을 전하는 행동을 하게 된다고 성경은 가르쳐주고 있다. 마음을 다하여 하나님을 사랑하고 싶다.

마음을 다하여
하나님을
사랑하고 싶다

슬픔 돌보기

10년 전에 갑자기 일어난 사고로 남편을 잃은 여성 A씨와 이야기를 나눌 기회가 있었다. 마음의 준비 없이 갑자기 남편의 죽음을 맞이한 그녀는 너무 슬퍼서 아무도 만나고 싶지 않았고, 혼자서 외로움과 맞서고 싶다는 생각뿐이었다고 한다.

친구나 지인의 방문도 고통스러웠다고 한다. 좋은 뜻을 가지고 찾아와준 건 알지만 혼자 있게 해주면 좋겠다는 생각뿐이었다고 한다. 그녀는 한 친구가 방문해서 한 말에 상처를 입었다.

"걱정했던 것보다 잘 지내고 있어서 안심했어."

너무 슬프고 외롭고 힘든 나날을 보내고 있었지만 애써 와 준 친구가 신경을 쓸까 봐 '괜찮은 척'을 했다고 한다. 그리고 그런 친구의 말에 자신의 마음을 알아주는 사람은 아무도 없다는 생각이 들었다고 한다.

A씨는 혼자서 슬픔과 외로움을 이겨냈다. 그리고 그것이 자신답다는 생각을 했다. 남편이 죽고 1년 정도 지났을 때 우연한 계기로 센류(川柳, 5·7·5의 17자로 된 짧은 정형시로 자유롭게 사회의 모순이나 인정을 표현하는 서민문학—역주)를 접하게 되었다. 센류 교실에 다니면서 친구도 생겼고, 지금은 센류가 자신의 마음을 지탱해주고 있다고 한다.

A씨가 최근에 지은 시구를 소개한다.

> 온 집안의 빛을 다 켜도 부족한 그 무엇
> (家中の灯かりをつけても足りぬもの)

외로워서 집안의 모든 불을 다 켜보았지만 왠지 허전하다는 내용이다. A씨는 남편을 잃은 후에 '그리프 케어'(grief care,

소중한 사람을 잃은 사람들을 심리적으로 돌보는 것으로, 1960년대에 미국에서 시작되었다)에 관한 많은 책을 읽었다고 한다.

그 책들에는 카운슬링을 받는 것과 그룹요법에 참가하는 방법 등이 쓰여 있었다. 그러나 A씨는 계속 혼자서 슬픔을 견디는 것이 자신에게 가장 어울리고, 결과적으로도 좋았다고 한다.

나는 지금까지 호스피스에서 돌아가신 환자의 유족과 재해로 가족을 잃은 분들의 그리프 케어에 종사해왔다. 그 경험을 통해 같은 체험을 한 사람들이 함께 모여 슬픔을 나누는 것이 치유에 효과가 있다는 걸 알게 되었다. 또 재해지역에서 피해자의 슬픔에 귀를 기울여주는 게 중요하다는 것도 경험했다.

그 중에서 그룹요법이 맞는 사람과 일대일 카운슬링이 맞는 사람이 따로 있다는 걸 실감했다. 슬픔이 조금씩 치유되어 가는 과정에는 '그 사람다움'이 있는 것 같다. 한 가지 방법이 모든 사람에게 효과가 있다고는 단정할 수 없다. 하지만 혼자서 슬픔을 이겨내기보다는 함께 슬픔을 나눌 사람이 있는 쪽이 좋다는 게 일반적인 견해다.

그러나 A씨처럼 혼자서 슬픔을 극복하는 사람도 있다. 사별의 슬픔 속에 있는 사람을 보면 무언가 해주고 싶은 생각이 든다. 그러나 그 사람을 그냥 지켜봐주는 게 무엇보다 좋을 수도 있다는 것을 알아둘 필요가 있다.

온 집안의
빛을 다 켜도
부족한 그 무엇

웃는 얼굴과 유머

매년 여름에는 손자손녀가 찾아온다. 작년 여름, 다섯 살배기 손녀와 두 살배기 손자가 우리 집에서 일주일 정도 머물렀다. 너무 힘들었다. 한창 움직이는 아이 둘과 놀기 위해서는 상당한 체력이 필요했다. 손자손녀가 모두 자기들 집에 돌아가고 난 후에야 한숨을 돌렸다. 그때의 체험을 센류로 표현해본다.

> 와서 반갑고 돌아가서 더 기쁜 손주 두 명
>
> (来てうれし帰ってうれし孫二人)

올 여름에는 세 명이 찾아왔다. 셋째인 손자는 생후 3개월이 막 지났다. 그 아이가 생후 1개월쯤 되었을 때 자는 얼굴을 보고 있으면 생끗 웃던 게 기억난다. '신생아 미소'라는 것인데 누가 가르쳐준 것도 아니다.

신생아 미소는 생후 2개월 정도가 되면 저절로 소실된다. 그리고 어르든지 말을 한다든지 해서 자극을 주면 웃는 '사회적 미소'가 생겨나게 된다. 아기를 안고 상호작용을 해주면 싱긋 웃는데, 이것이 사회적 미소이다.

웃음은 유전자 안에 들어 있는 것 같다. 어쩌면 본능일지도 모른다. 막 태어난 아기는 엄마의 젖을 입에 대고 모유를 빤다. 누가 가르쳐주지도 않았고, 학습한 것도 아닌데 젖을 빨고 만족해하며 잠을 잔다. 자는 얼굴을 보고 있으면 1,2초 정도이긴 하지만 미소가 떠오른다.

이런 신생아 미소는 학습한 것이 아니라 태어날 때부터 가지고 있는 것이다. 소위 본능이다. 웃음은 인간 존재의 일부로서 태어날 때부터 인간에게 내재되어 있는 것이 아닐까?

독일에는 유머에 대한 하나의 정의로 "그럼에도 웃는 것"이라는 말이 있다. 슬픔에 잠겨 있을 때도, 병에 걸렸어도, 죽음이 가까웠어도 웃는다는 것이다. 웃는 것이 힘든 상황에서도 웃는 것이 진정한 유머이다.

나는 호스피스 현장에서 약 2,500명의 환자를 돌보았다. 그리고 수없이 많은 멋진 미소를 접했다. 그들은 '죽음이 가까웠음에도' 웃었다. 웃음은 본래 인간 존재의 일부이며, 뭔가 그것을 방해하지 않는다면 자연적으로 나오는 것이다.

예를 들어 강한 통증을 느낄 때는 미소가 사라진다. 통증이 웃음을 방해하는 것이다. 통증이 가라앉으면 웃음이 되돌아온다. 심한 불안을 느끼면 웃을 수 없게 된다. 불안이 웃음을 방해하기 때문이다. 그래서 불안이 사라지면 웃는 얼굴이 나타난다.

유머는 영어로 'humor'라고 쓴다. 어원은 라틴어의 'humorse'로 '체액'이라는 뜻이다. 인간이 살아가는 데 반드시 필요한 혈액과 임파액 등의 체액이 유머의 어원이다. 체액 없이 인간의 생명이 유지될 수 없듯이 유머가 없으면 살아갈 수 없는 것이다. 유머는 인간에게 웃음을 제공한다. 따라서 인간은 웃음 없이는 살아갈 수 없다고 말할 수 있다. 사람들에게 강력한 미소로 대응할 수 있길 소망한다.

노인과 소통하기

노령화가 급속히 진행되는 일본에서 65세 이상의 인구가 3천만 명을 넘었다는 뉴스가 보도되었다. 노인을 어떻게 부양해야 할지가 앞으로 복지의 중요한 과제가 될 것이다.

그 중에서 자칫 놓치기 쉬운 게 노인심리이다. 치매가 상당히 진행되어 사람을 잘 알아보지 못하는 노인도 다른 사람이 자신을 어떻게 보는지, 그리고 자신이 어떤 대우를 받는지에 매우 민감하다.

내가 신출내기 정신과 의사였을 때 받은 한 선배 의사의 가르침을 잊을 수가 없다. 그는 고령의 여성 환자에게 정신 장애에 대한 경과를 열심히 설명했다. 설명이 끝난 후 환자에게 담당 의사의 설명을 이해했는지 묻자 잘 모르겠다고 대답했다.

나는 그에게 왜 고령의 환자에게 어려운 병의 경과에 대해서 그토록 열심히 설명하는지 솔직하게 물었다. 그 선배가 대답했다.

"그 환자가 내가 설명하는 내용을 이해한다고는 생각하지 않네. 다만 성의 있게 설명하려는 내 마음은 그 환자에게 전달되었을 거야. 내가 열심히 할 수 있는 일이 병의 경과에 대해 설명하는 것이기에 그렇게 한 거라네."

그 선배가 열심히 말해주는 내용을 환자가 다 이해할 수는 없어도, 자신에게 열심히 설명해주는 그 모습으로 보아 자신을 온전한 존재로 봐주고 있다는 느낌을 받았을 것이다. 노인들에게는 남들이 자신을 어떻게 보고 있는지가 매우 중요하다.

이에 대해 적절하고 구체적인 예를 들어보겠다. 귀가 잘 안 들리는 노인과 소통하는 건 매우 어렵다. 나는 99세인 어머니와 함께 살고 있다. 어머니는 스스로 일상생활을 해나가시지만 귀가 잘 안 들려서 대화하기는 어렵다.

보청기를 권했지만 잡음이 싫다며 사용하지 않으신다. 말이 통하지 않기 때문에 나는 어쩔 수 없이 큰 소리로, 그것도 조금 짜증을 섞어 말하게 된다. 내 짜증은 곧 어머니에게 전달된다. 말이 통하지 않아도 마음은 통하기 때문이다.

귀가 잘 안 들리는 노인과 소통을 잘하는 비결은 귀에 대고 큰 소리로 간결하게 말하는 것이다. 어머니의 귀에 입을 바짝 갖다 대고 상당히 큰 소리로 짧게 말하면 확실히 전달된다. 가까이서 큰 소리로 말하는 건 마음만 있으면 실행할 수 있지만 간결하게 말하기는 의외로 어렵다. 긴 설명은 노인의 기억에 남지 않는다. 길지 않게 결론만 짧고 확실하게 전달하는 게 중요하다.

이 세 가지를 실행하면 "당신을 존중하기 때문에 당신의 병에 대해 내가 알고 있는 사실을 당신에게 정확하게 전달하려고 한다"라는 마음이 노인에게 전해진다.

들음과 경청

한자가 만들어진 배경에는 상당히 흥미로운 부분이 있다. 어느 학자에 의하면 밭에서 힘을 쓰는 일을 한다는 의미에서 '田'(밭 전)와 '力'(힘 력)이 합쳐져 '男'(사내 남)이라는 글자가 생겼다고 한다.

또 '女'(계집 여)의 경우는 '良'(어질 양)과 만나서 아가씨라는 뜻을 가진 '娘'(낭)이 되고, '古'(옛 고)와 만나서 '姑'(시어머니 고)가 된다. '女'와 합해져서 만들어진 한자는 많은데, '男'이 붙는 한자는 적다고 한다(분명히 이유가 있겠지만 전공 외의 일이니 잘 알 수는 없다).

여러 가지 생선 이름에 붙는 한자도 그 생선의 특징을 잘 표현하고 있다. 등이 푸르니까 '鯖'(청어 청), 마을에 있으니까 '鯉'(잉어 리), 눈이 내리는 추운 곳에서 잡히니까 '鱈'(대구 설)이라는 식이다.

한자 성립의 중요한 개념과 사고를 설명하면 그 한자를 더 잘 이해할 수 있다. 예를 들어 '들을 문'(聞)과 '들을 청'(聽)은 다르다.

'耳'(귀 이)가 들어 있는 '聞'은 귀로만 듣는 것이고, '耳'와 '心'(마음 심)이 들어 있는 '聽'은 귀와 마음으로 듣는 것이다. 이 한자는 귀를 마음처럼, 또는 마음을 귀처럼 하여 듣는다는 느낌을 준다. 호스피스 케어의 요소로서 환자의 이야기를 잘 듣는(聞가 아닌 聽) 걸 예로 들 수 있다.

환자의 이야기를 들을 때는 단순히 귀로만 듣는 게 아니라 마음을 다하여 개인적인 관심을 보이며 정확하게 경청하는 게 중요하다. 경청의 앞에는 "개인적인 관심을 가지고 정확하게"라는 말이 들어간다.

그래서 '聞'은 영어로 'hear'로, '聽'은 'listen'으로 번역할 수 있다. 병원 대합실에 흐르는 음악을 사람들은 그냥 'hear'하고 있다. 관심 있게 'listen'하는 게 아니다. 음악회에 간 사람들은 'listen'한다. 그래서 'Listen to the music'(음악을 듣다)인 것이다.

이 내용을 어느 강연회에서 말했더니 강연 후에 한 청중이 내게 말했다.

"'聽'이라는 한자에는 귀(耳)와 마음(心) 외에 하나 더, 눈(目)이 있어요. 눈(目)이 옆으로 누워 있긴 하지만요. 경청은 귀를 마음과 같이 하고 확실하게 눈과 눈을 마주하며 듣는 거라고 생각해요."

이것은 내게는 새로운 발견이었다.

'암 철학 외래'라는 특이한 일을 하고 있는 준텐도대학의 히노 오키오(樋野興夫) 교수는 '여유로운 모습'의 중요성에 대해 이야기했다. 여유로운 모습이란, 상담을 할 때 짧은 시간이라도 눈을 마주보고 “저는 한가하니까 당신을 위해 시간을 내겠어요”라는 분위기가 상대에게 전해지는 얼굴 표정을 말한다.

또 다른 예로 병원 복도에서 환자가 의사에게 말을 걸었을 때, 걸어가면서 이야기하는 게 아니라 멈춰 서서 눈과 눈을 마주보고 이야기를 듣는 것이다.

함께한다는 것

내가 의사라는 직업인으로서 자세를 결정짓는 만남이 있었다. Y씨와의 만남이 그것이다. 정신과 의사가 된 지 2년째 되던 해, 대학 의국의 순환 근무로 K병원에 1년 동안 부임하게 되었다. 그 병동에 47세인 여성 환자 Y씨가 있었다.

Y씨의 차트(chart)에는 '함묵증'(緘默症)이라고 쓰여 있고, 최근 1년 동안 한마디도 하지 않았다고 기재되어 있었다. 지금까지 약을 처방하고, 그룹요법과 행동요법, 심지어 전기충격요법까지 시도했지만 효과가 없었다고 한다.

소리에 반응하는 것으로 보아 청각에는 이상이 없었다. 그녀는 가면을 쓴 것 같은 표정을 하고 아무런 감정에도 동요하지 않는 듯 보였다. 나도 함묵증에 대해 여러 책을 찾아보고 효과가 있을 것 같은 방법을 시도해보았지만 그 환자는 단 한마디도 하지 않았다.

반 년 정도 지났을 때, 병원 의국에 비치된 잡지를 읽다가 "Being with the patients"(환자들과 함께하기)라는 제목의 기사에 눈이 멈췄다. 함묵증 환자와 생활을 함께하면 오래 걸리기는 하지만 말을 하게 되는 경우도 있다는 보고였다. 나는 이 기사를 부장에게 보이고, 평소 대기실에서 내가 하는 차트 기재 등 기타 일들을 Y씨의 방에서 하게 해달라고 요청했다.

부장은 마지못해 승낙해주었다. 그 후 반 년 동안 나는 대기실에서 하는 일을 Y씨의 병실에서 했다. 공부와 독서도 가능하면 그 방에서 했다. 그녀는 내 존재에 대해서는 무관심한 듯했다. 나는 가끔씩 "무슨 말이라도 좋으니까 한마디만 해보세요"라고 간청했지만 효과가 없었다.

1년간의 근무를 마치고 짐을 챙겨 역까지 택시를 타고 가기로 했다. 현관에서 부장과 간호사, 몇 명의 환자가 배웅해주었다. 내가 "감사했습니다"라고 인사를 한 후에 고개를 들었을 때 맨 뒤에 서 있는 Y씨가 보였다. 나는 기뻐서 그녀에게 손을 흔들었다. 그때 믿을 수 없는 일이 벌어졌다. 그녀가 "감사해요"라고 말한 것이다!

나는 내 귀를 의심했다. 환청이 아닌가 생각했다. 그러나 그곳에 있던 모든 사람이 그 말을 들었다. 역까지 가는 택시 안에서 눈물이 멈추지 않았다. Y씨는 그 후로 또다시 한 마디도 하지 않았다고 한다. 그리고 몇 년 뒤에 폐렴으로 사망했다는 소식을 들었다.

"호스피스의 어머니"라고 불리는 시실리 손더스(Cicely Saunders)는 "Not doing, but being(아무것도 하지 않고 곁에 있어주는 것)이 호스피스 케어의 진수"라는 말을 남겼다. Y씨와 만난 것이 내가 호스피스 의사로서 2,500명의 환자를 돌보는 자세를 갖추는 출발점이 되었다.

여호와여

주께서 나를 살펴 보셨으므로

나를 아시나이다

주께서 내가 앉고 일어섬을 아시고

멀리서도 나의 생각을 밝히 아시오며

시 139:1,2

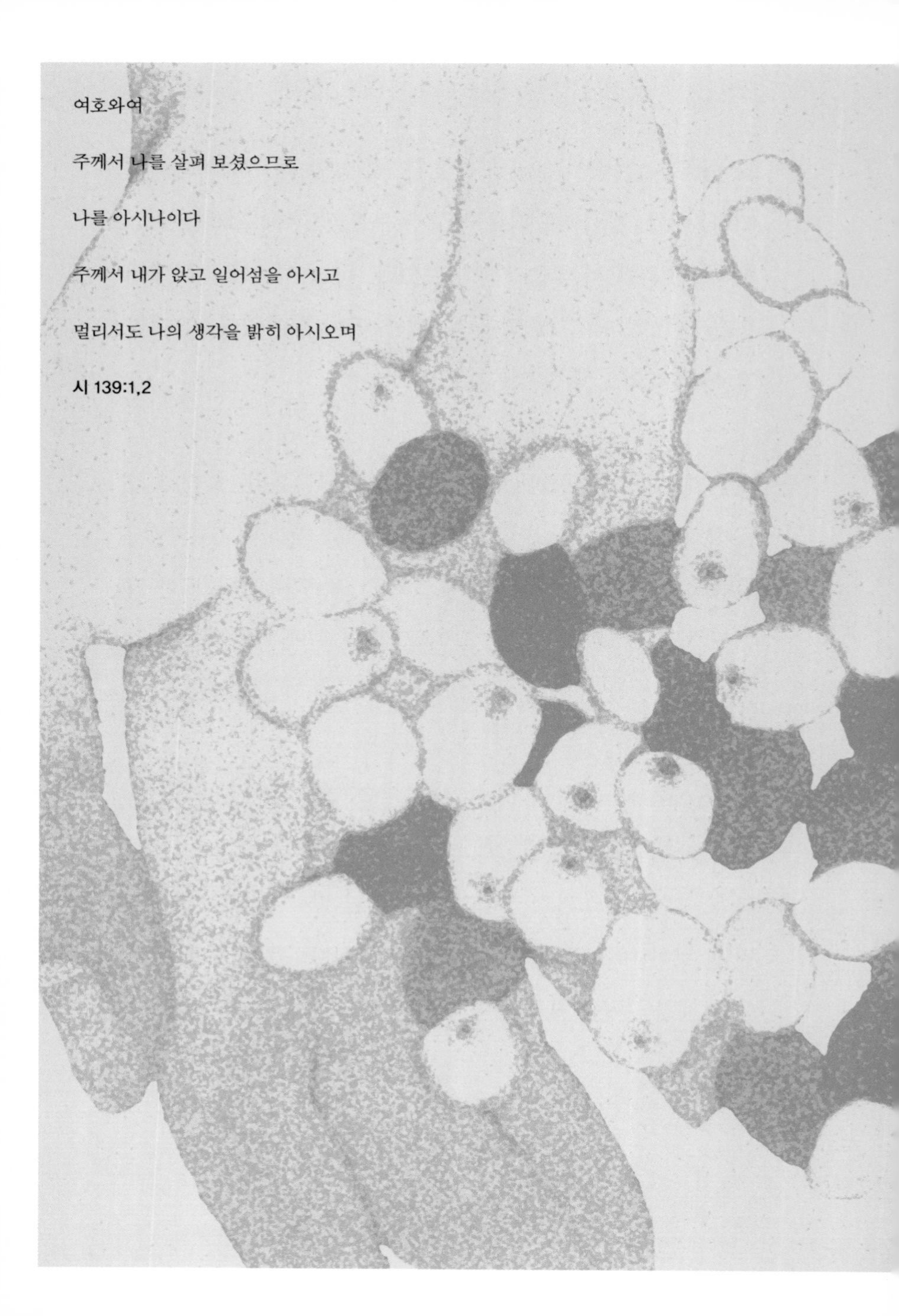

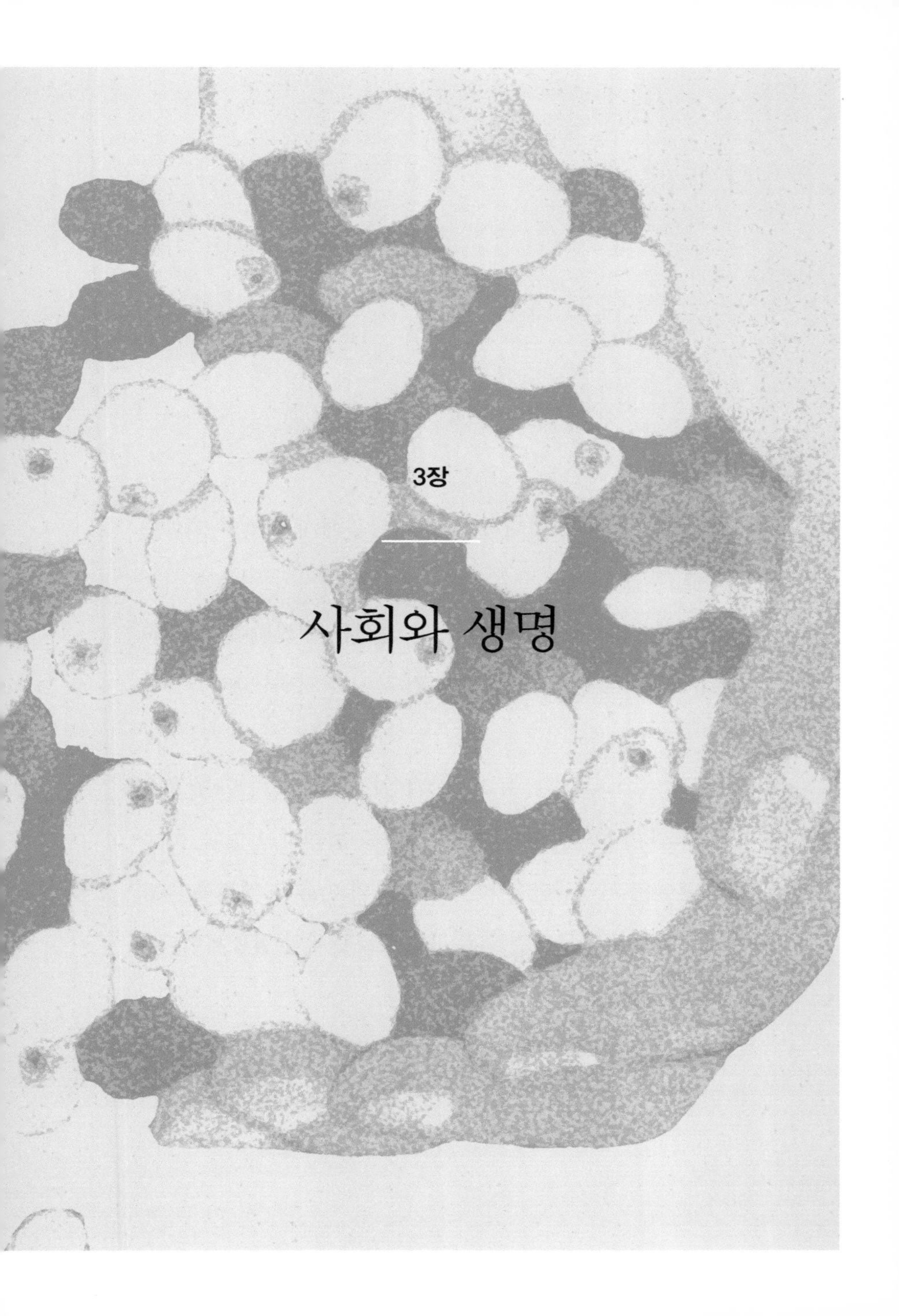

3장

사회와 생명

함께하는 돌봄과 감당해주는 돌봄

동일본 대지진에서 피해를 입은 사람들에게 정부와 지방자치단체, 기업과 여러 구호 단체, 전문 봉사자와 일반 봉사자를 비롯해 많은 사람들이 도움의 손길을 내밀었다. 그리고 크리스천도 피해지역을 위해 여러 가지를 지원했다.

그 중에서도 센다이 기독교연합과 지역 불교계가 함께 힘을 합쳐 만든 '마음의 상담실'이 있어 나도 협력하고 있다. 마음의 상담실은 피난생활을 하는 사람들의 마음과 영혼을 치료하자는 취지로 만들어진 의료계와 종교단체의 협동체이다.

많은 희생자를 낳은 지진 재해에서는 피해자를 보살피는 데 네 단계가 있다. 제공하는 돌봄, 지지하는 돌봄, 함께하는 돌봄, 감당해주는 돌봄이 그것이다. 한신·아와지 대재해(阪神·淡路大震災)에서 정신과 의사로서 피해자 돌봄 사역에 봉사했을 때의 경험을 통해 이야기해보겠다.

● 제공하는 돌봄

이것은 돌봄이라기보다는 '의료 활동'이라고 정의하는 편이 나을 것 같다. 지진, 화재, 쓰나미 등으로 생명의 위협을 느낀 사람들의 생명 구호를 위한 의술을 제공하는 것이다.
기술력을 위에서 아래로 제공하는 것이기 때문에 제공하는 사람의 인간성은 문제가 되지 않는다. 중요한 것은 인간성보다 기술력이다. 치료를 맡은 의사의 기술이 뛰어나면 그 의사의 인간적인 따뜻함과 친절한 마음은 중요하지 않다는 뜻이다.

● 지지하는 돌봄

긴급 상황에서 위에서 아래로 제공되는 돌봄이 이루어지면 이제는 아래에서 지지하는 돌봄이 필요한 시기가 이어진다.
한 재해민이 있었다. 생명은 구했지만 가족을 잃고 집이 붕괴되어 어쩔 수 없이 혼자 피난생활을 하게 되었다. 지병인

고혈압이 악화되어 현기증 증상을 일으키자 고통을 호소하는 것을 잘 듣고 강압제(항고혈압제)를 처방했다. 이렇게 옆에서 버틸 수 있는 힘이 되어주는 세심함이 필요하다. 지지하는 돌봄에는 기술력과 인간성의 양면이 필요하다.

● 함께하는 돌봄

대피소에서의 생활이 길어지면 사람들은 외로움과 고독감을 느낀다. 기분이 침체되고 우울증에 빠지는 사람도 있다. 그럴 때 안이하게 격려하지 말고 조용히 곁에 함께 있어주면서 이야기를 들어주는 사람이 있으면 그 자체로 적지 않은 마음의 위로가 된다. 함께하는 돌봄은 횡적 돌봄이다. 아래에서 지탱해주는 게 아니라 옆에서 함께하는 것이다.
그러기 위해서는 따뜻한 인간성이 필요하다. 지지해주는 돌봄은 밑에서 지탱해주지 않으면 자립이 불가능하다는 의견이 있지만, 함께하는 돌봄의 경우에는 자립할 수 있는 힘을 가진 사람이 옆에서 함께해주면 자립을 도울 수 있다고 한다. 따라서 확실하게 함께해주기 위해서는 인간성이 필요하다.

• 감당해주는 돌봄

감당할 수 없는 슬픔과 고통을 가진 사람이 있다. 이런 사람들은 지탱해주어도, 함께해주어도 나아지지 않는다. 마음의 고통이라기보다는 영혼의 고통(spiritual pain)이 큰 탓이다. 그럴 때 인간으로서는 감당할 수 없지만 대신 감당해주시는 분(하나님)이 존재한다는 사실을 전할 수 있다. 그러기 위해서는 신앙이 필요하다. 언제까지나 우리를 대신해 우리의 고통과 짐을 감당해주시는 분을 전하는 게 크리스천의 의무이다.

영혼의 고통을 감당해주시는 하나님

인간의 한계

인간의 한계에 대해 흔한 예를 들어보겠다. 예전에 떨어진 물건을 주우려고 몸을 숙였다가 허리를 삐끗한 적이 있다. 통증이 심해서 한참 동안 몸을 움직이지 못하고 가족들에게 걱정을 끼쳤다.

다음 날, 하룻밤 일정으로 도쿄 출장이 잡혀 있었는데 도저히 취소할 수가 없어서 아픈 허리를 부여잡고 출발했다. 출장 중에도 통증이 나아지지 않았다. 출장에서 돌아왔을 때 가족은 식사 중이었는데 아무도 내게 "허리 통증은 좀 어때요?" 하고 묻지 않았다. 조금 있다가 내가 "허리는 조금 나아졌어" 하고 말했다.

그러자 모두 "죄송해요, 물어보는 걸 깜박했어요"라고 말했다. 이것이 인간의 한계일 것이다. 나는 출장 기간 동안 통증을 참으며 이틀을 보냈지만 가족은 내 고통을 잊고 있었다.

그런데 이 이야기는 계속된다. 모두가 사과를 한 직후에 어머니가 "나도 치통이 조금 나아졌어"라고 말씀하셨다. 그래서 나도 "죄송해요, 여쭤보는 걸 깜빡했어요"라고 같은 말을 하게 되었다. 실은 내가 허리를 삐끗한 그날, 어머니는 상당히 심한 치통으로 치과에 가셨다. 나는 그 사실을 완전히 잊고 있었다.

이것이 인간의 한계다. 가족이 고통스러워해도 그것을 잊어버릴 수 있는 게 인간이다. 가족의 고통을 지속적으로 생각하는 건 불가능하다. 가족조차도 그러한데 타인의 일은 오죽하겠는가!

어느 날, 병원 복도에서 만난 한 중년 부인이 내게 정중하게 말했다.

"선생님, 그때는 정말 감사했습니다. 은혜는 평생 잊지 않겠습니다."

언젠가 돌봐준 환자의 가족일 거라고 짐작했지만 사실 그 부인을 기억하지 못했다. 당연히 그때가 언제였는지, 어떤 환자였는지도 전혀 기억이 나지 않았다. 하지만 "저, 누구시죠?" 하고 묻지 못하고 "아뇨, 별 말씀을…"이라고 얼버무리면서 머리를 숙였다.

이것을 센류로 표현하면 "그때라고 말하지만 도대체 어느 때인지"(その節と言うが、いったいどの節だ)라고나 할까!

이런 인간의 한계에 비해 하나님이 인간에게 부어주시는 사랑과 은혜는 한이 없다. 하나님은 인간의 고통에 대해 끊임없이 생각하는 게 가능하신 분이다. 내 고통은 때로 아무도 모르고, 누구도 이해하지 못한다. 그러나 그러한 고통과 괴로움을 그분은 모두 알고 계신다. 이 사실을 기억하고 오늘도 나아가려 한다.

여호와여

주께서 나를 살펴 보셨으므로

나를 아시나이다

주께서 내가 앉고 일어섬을 아시고

멀리서도 나의 생각을 밝히 아시오며

시 139:1,2

나를 살펴보셨으므로
나를 아시나이다

운명, 다가온 삶

한자의 성립에 대해 흥미를 갖게 된 건 오래 전 일이다. 좋은(良, 어질 양) 여성이 아가씨(娘, 여자, 아가씨 낭)가 되는 것은 제쳐두고라도 집을 지키는 여성을 '며느리'(嫁, 시집갈 가)라고 하는 건 충분히 납득할 수 있다. 어떤 학자는 밭(田)에서 힘(力) 쓰는 일을 하는 것이 남자(男)라고 한다(이것에 대해서는 앞에서도 언급했다).

또 앞에서 사명은 생명(命)을 사용(使)한다는 뜻이고, 현명은 목숨(命)을 걸다(懸), 숙명은 생명(命)이 머문다(宿)는 뜻이라고 썼다. 이번에는 운명에 대해 내가 한 경험을 쓰고자 한다.

2011년 말에 센다이와 이시마키에 다녀왔다. 불교와 기독교가 협력하여 지진 피해지역의 주민을 돌보는 마음의 상담실을 시작하여 나도 조금 도움을 주고 있다. 센다이 교회의 임시 가옥에서 남편과 아이들을 잃은 중년 여성을 만났다.

나는 그녀를 보며 '가족과 집을 잃고 임시 가옥에서 혼자 생활하는 게 얼마나 외로울까!'라고 생각했다. 그러나 그녀는 온화한 표정으로 내게 "제 운명이라고 생각해요"라고 말했다. 작은 교회의 신자인 그녀의 이야기를 들으면서 성경말씀이 떠올랐다.

> 내가 업을 것이요
> 내가 품고 구하여 내리라
>
> 사 46:4

여기에는 업는 하나님, 품는 하나님, 구하여내시는 하나님이 그려져 있다. 하나님께서 무엇을 업고, 품고, 구하여내시는 것일까? 그것은 '생명'이라고 생각한다.

'운명'(運命)은 '생명(命, 생명 명)을 업는다(運, 옮길 운)'라는 뜻이다. 하나님께서 이 여성의 생명을 구해내시고, 임시 가옥으로 옮기게 하시고, 앞으로 계속 품어주실 것이다. “운명이라고 생각해요”라는 말의 여운에 부정적인 뉘앙스가 없고 오히려 긍정적인 분위기가 느껴진 건 그녀의 신앙에서 오는 평안 때문일지도 모른다.

나는 최근에 또 “내 운명이라고 생각합니다”라는 표현을 들었다. NHK의 〈프로페셔널—일의 방식〉이라는 프로그램에서 준텐도대학 의학부 심장혈관외과의 아마노 아쓰시 교수(天野篤)가 주목을 받았다.

그는 관상동맥 우회로이식술(CABG)의 전문가로 알려져 연간 500건의 수술을 해내고, 성공률이 98퍼센트에 이르는 일본 최고의 심장외과의다.

최근에는 천황의 심장수술도 했다. 그는 월요일부터 금요일까지 집에 가지 않고, 의사 사무실에 머물면서 24시간 체제로 환자를 돌본다고 한다.

프로그램이 거의 끝나갈 무렵 취재 기자가 "매일 피곤하시겠네요" 하고 말했다. 그러자 아마노 교수가 미소를 지으며 "제 운명이라 생각합니다"라고 대답했다. 그 말에서 자신의 의지가 아니라 무엇인가에 의해 움직이고 있다는 수동적인 뉘앙스가 느껴졌다.

운명이라는 건 주어진 삶이다. 자신의 의지가 아닌, 그것을 넘어선 초자연적인 힘(하나님)에 의해 주어진 삶이다. "나는 업을 것이요"라고 하나님께서 말씀하신다. 그분의 뜻에 따라 주실 것을 믿고 의지하는 신앙을 품고 살아가고 싶다.

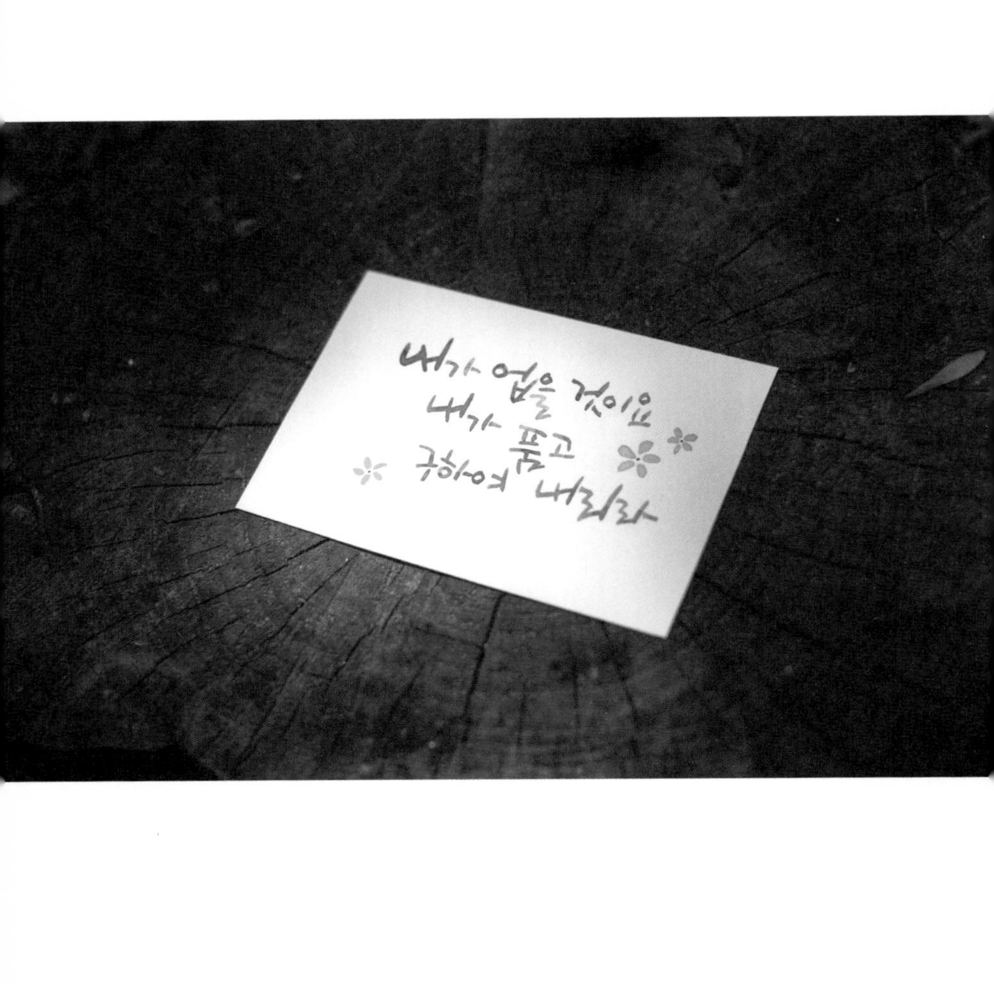
내가 업을 것이요
내가 품고
구하여 내리라

분단과 결단

2011년 동일본 대지진을 계기로 원전 반대를 호소하는 시위가 전국 각지에서 일어나고 있다. 그해 7월 16일에는 "안녕 원전, 10만 명 집회"라는 이름의 역사상 최대 규모의 탈원전 집회가 요요기공원에서 개최되어 찜통더위에도 불구하고 약 17만 명의 사람들이 참가했다.

원전 폭발에 의한 방사능 오염 문제는 인재(人災)로, 많은 사람들에게 상상을 초월하는 고통을 준다. 미디어를 통한 보도와 현지를 방문한 경험에서 볼 때, 방사능 오염으로 사람들이 분단과 결단, 두 가지를 다 떠안게 된다는 걸 알 수 있다.

NHK 뉴스에서 후쿠시마 현의 이다테무라가 세 지역으로 분리되어 있다는 사실을 알게 되었다. 방사능 오염 정도에 따라 귀환 가능 지역, 귀환 곤란 지역, 이주 제한 구역으로 나뉘는 것이다. 다른 지역에서는 좀 더 알기 쉬운 말을 사용하고 있다. 즉, 돌아와도 좋은 지역, 앞으로 돌아올 수 있는 지역, 돌아올 수 없는 지역이다.

어쨌든 지금까지 하나였던 지역사회가 사고로 분단되었고, 각 지역의 주민들은 '삶의 터전을 앞에 두고 어떻게 해야 할까' 하는 어려운 결단을 해야만 한다.

인생은 결단의 연속이다. '어떤 일을 하고 누구와 결혼을 할까' 하는 큰 결단부터 '점심은 무엇을 먹을까, 어떤 영화를 볼까' 하는 작은 결단까지, 수많은 결단으로 이루어져 있다.

또 결단에는 기쁜 결단과 괴로운 결단이 있다. 취직을 하려는 학생이 두 회사에 입사가 내정되어 어느 회사에 갈지를 결단하는 건 기쁜 결단이다. 그러나 일하고 있는 회사의 경영 상태가 악화되어 회사를 그만둘지 계속 남을지를 결정하는 건 괴로운 결단이다.

“고심 끝에 내린 결단”이라는 말이 있듯이 인생에는 긴 시간 고민하고, 사람들과 의논하고, 이것저것을 생각해도 결정하지 못하는 경우가 있다. 고민의 원인이 자신에게 있는 경우에는 고민이 깊어도 복잡하지 않다. 그러나 지진과 쓰나미라는 천재에다 원전 폭발, 방사능이라는 인재가 더해지면 매우 복잡해진다. 정부와 기업에 대한 갖은 원망의 감정이 복잡한 원한을 낳게 한다.

주변 상황이 어떻든지 스스로 결단해야 할 때가 있다. 인생을 강의 흐름이라고 가정하면 강이 둘로 나뉘는 곳이 바로 결단해야 할 때이다. 그때 어느 쪽 흐름을 타고 갈 것인지가 그 사람의 결단으로 결정된다.

흐름을 만드는 건 하나님이시다. 그러나 하나님은 인간에게 자유의지를 주셨다. 우리는 로봇이 아니다. 매우 어려운 결단을 눈앞에 두고 있는 한 사람 한 사람이 하나님의 도우심 아래 좋은 결단을 할 수 있길 기도한다.

슬픔과 인생

호시노 도미히로(星野富弘)의 유명한 시를 소개한다.

기쁨이 모인 쪽보다
슬픔이 모인 쪽이
행복에 가깝다는 생각이 든다.
강한 것이 모인 쪽보다
약한 것이 모인 쪽이
진실에 가깝다는 생각이 든다.
행복이 모인 쪽보다
행복하지 않은 것이 모인 쪽이
사랑에 가깝다는 생각이 든다.

호시노는 이 시에서 행복, 진실, 사랑이라는 세 가지가 무엇이 모인 것인지 표현하고 있다. 행복은 슬픔, 진실은 약함, 사랑은 행복하지 않은 것이 모인 거라고 말한다. 약함과 진실, 행복하지 않음과 사랑은 쉽게 마음에 와 닿지만 슬픔과 행복은 잘 이해되지 않는다.

"사람은 슬픔이 많을수록 다른 사람에게 친절할 수 있다"라는 말이 있지만 그렇다고 해서 슬픔이 모인 쪽이 행복에 가깝다는 뜻은 아닐 것이다. "기쁨과 슬픔은 두 개이지만 하나이다. 이 두 가지는 상반되는 것이지만 별개는 아니다"라는 말이 있다. 그렇기 때문에 "슬픔이 모인 쪽이 행복에 가깝다"라고 해도 무관하지 않을까?

인간은 각각 인생의 여정에서 다양한 슬픔을 경험한다. 하나의 슬픔이 가시면 다음 슬픔이 찾아온다. 슬픔은 사람이 사람답게 살고 있다는 증거와 같다. 사람답게 살아가는 것이 행복이라면 슬픔이 모인 쪽이 행복이라고 말할 수 있지 않을까?

《죽음의 소용소에서》(Man's search for meaning)의 저자로 유명한 심리학자 빅터 프랭클(Viktor Frankl)은 "고뇌의 죽음이 있기에 인간은 완전하게 된다"라고 말했다. 또 그는 "고뇌는 인간의 본성이다"라고도 했다. 고뇌와 슬픔이 인간존재의 본질이라면 그것이 행복으로 이어지는 것일지도 모른다.

호스피스 병동에 있는 말기 환자들은 어쩌면 행복과는 거리가 먼 인생의 마지막 시기에 놓여 있다고 할 수 있다. 그런데 63세로 세상을 떠나는 한 남성은 삶의 마지막 순간에 말했다.

"행복한 인생이었습니다."

사실 그의 인생은 행복이라는 단어와는 어울리지 않았다. 일찍 부모님을 여의고 결혼생활도 순탄치 못했으며 일에 있어서는 동료에게 배신을 당해 상당히 힘든 일을 겪었다. 그가 죽기 일주일 전에 회진을 도는 내게 말했다.

"입원했을 당시의 고통이 완전히 사라졌습니다. 이곳에 오길 잘했다는 생각이 듭니다. 감사합니다. 여러 가지 일이 있었지만 행복한 인생이었습니다."

며칠 전에 교회에서 예배를 드리는데 예배당 안에 슬픔이 모여 있다는 느낌이 들었다. 암이 진행되면서 치료 부작용으로 고통스러워하고 있는 A씨, 아들의 등교 거부로 고민하고 있는 B씨 부부, 불황으로 근무하던 회사가 도산해서 직장을 잃은 C씨, 대장암 수술로 불안한 D씨, 손자가 교통사고로 급사한 E씨 등 모두 슬픈 일을 껴안고 있었다.

그곳에 슬픈 일들이 모여 있었다. 그러나 슬픔을 나누고 기도하는 교회는 주님 안에서만 누릴 수 있는 행복을 한 사람 한 사람에게 전해주는 신비로운 힘을 지니고 있다.

행복한
인생이었습니다

하나님의 간증인

사전에서 '증인'이라는 단어를 찾으면 "어떤 사실을 증명하는 사람"이라고 나와 있다. 재판에서 증인은 중요한 역할을 하는데, 범죄 사실을 직접적으로 증명하기도 한다.

성경에도 증인이라는 말이 나온다. 예를 들어 이사야 43장 12절에 "내가 알려 주었으며 구원하였으며 보였고 너희 중에 다른 신이 없었나니 그러므로 너희는 나의 증인이요 나는 하나님이니라 여호와의 말씀이니라"라는 말씀이 있다.

나는 증인보다도 '간증인'이라는 표현을 더 좋아한다. 하나님의 존재를 믿고 그것을 간증하는 사람이라는 표현이 좋다. 간증인은 그의 사역을 통해서 하나님을 증언한다.

내가 간증인으로 존경하는 세 여성을 소개한다.

첫 번째 여성은 인도의 콜카타에 '죽음을 기다리는 사람들의 집'을 세운 테레사 수녀다. 그녀는 너무 빈곤해서 길바닥에 누워서 죽음을 기다릴 수밖에 없는 사람들을 위해 특별한 집을 세웠다. 그리고 죽음을 앞두고 있는 사람들을 그곳으로 불러 따뜻한 손길을 나누며 교제하고 돌봤다.

테레사 수녀는 "저는 죽음으로 가는 사람들 안에서 하나님을 봅니다"라는 말을 남겼다. 또 '사랑의 선교 수녀회'를 창립하고 가난한 사람들을 위한 활동을 펼쳐서 1979년 노벨 평화상을 받았다. 그녀는 하나님의 간증인이었다.

두 번째 여성은 세계 호스피스의 어머니로 불리는 시슬리 손더스 박사다. 그녀는 1967년에 런던 교외에 호스피스 시초인 성 크리스토퍼 호스피스(St. Christopher hospice)를 설립했다. 개인적으로 몇 번 만난 적이 있는데 뿌리 깊은 강건한 신앙으로 일을 해내는 모습에 머리가 절로 숙여졌다.

세 번째 여성은 내가 현재 근무하고 있는 긴조학원의 창설자인 애니 랜돌프(Anne E. Randolph) 선교사다. 긴조학원은 1889년 랜돌프 선교사가 사저로 설립한 사립긴조여학교에 뿌리를 두고 있다. 당시는 여성 교육에 대한 사회적 인식이 매우 낮아서 "여자가 공부하는 건 의미가 없다"고 말하는 시대였다.

그런 환경에도 굴하지 않고 랜돌프 여사는 성경의 가르침에 기초하여 나고야 여성에게 교육을 실시했다. 그녀는 여성의 권리와 책임, 즉 여성이 가질 수 있는 힘을 사회에서 확고히 발휘하여 세계 평화에 공헌해야 한다고 가르쳤다.

이 세 여성은 그야말로 하나님의 간증인이었다. 신앙의 중요성을 말로만이 아니라 스스로의 사역을 통해 증언한 것이다. 나는 이 세 사람의 모습을 보고 일을 통해 하나님을 간증해야 한다는 중요한 사실을 배웠다.

나눠주는 삶

"사람은 살아온 것과 똑같이 죽어간다."

내가 2,500명의 환자의 임종을 지켜보며 얻은 결론이다. 알차게 살아온 사람은 알차게 죽고, 어영부영 살아온 사람은 어영부영 죽는다. 주위 사람에게 감사하며 살아온 사람은 의료진에게도 감사하며 죽는다. 살아온 모습이 여지없이 죽는 모습에 반영된다. 좋은 죽음을 위해서는 좋은 삶을 살 필요가 있다.

그렇다면 좋은 삶이라는 것은 어떤 삶일까? 이에 대해서는 내 책《生きること、寄り添うこと》(사는 것, 함께하는 것)에 자세히 서술했다. 이 책에서 나는 좋은 삶이란 감사하는 삶, 나

눠주는 삶, 유머가 있는 삶이라고 말했다. 그 중에서 특히 '나눠주는 삶'에 대해 조금 더 설명하고 싶다.

삶은 모으는 삶과 나눠주는 삶으로 나눌 수 있다. 모으는 삶이란 돈, 물건, 아이디어, 지식 등을 모으는 것이 중심이 되는 인생이다. 나눠주는 삶은 돈, 지식, 경험, 능력 등을 주위 사람들에게 나눠주는 인생이다.

내 임상 경험에 비추어보면 나눠주는 삶을 살아온 사람이 그렇지 못한 사람보다 더 평안한 마지막을 맞이하는 것 같다. 나눠주는 것 중에서 가장 값지고 중요한 건 시간일 것이다. 인생은 시간이 쌓여서 이뤄지는 것이기 때문에 귀한 시간을 자신을 위해 사용하는지, 남을 위해 사용하는지를 보면 그 사람의 인생 성향을 알 수 있다.

시간을 자신을 위해 사용하는 사람은 모으는 삶을 살며, 타인을 위해 사용하는 사람은 나눠주는 삶을 살게 된다. 물론 모든 시간을 자신을 위해서만 사용하거나 다른 사람을 위해서만 사용하는 사람은 거의 없다. 예수 그리스도만이 예외

이시다. 그분은 전 생애를 다른 사람을 위해 사용하셨다. 하나님의 아들이시기에 가능한 일이었다.

시간을 자신을 위해 사용하는 경향이 강한지, 타인을 위해 사용하는 경향이 강한지를 알려면 자신을 되돌아보면 된다. 시간 사용법이 인생의 성향을 결정하는 중요한 요소가 되는 건 틀림없는 사실이다.

미국 유학이 끝나갈 무렵, 귀국 후 어디에서 일할지가 내게 중요한 숙제였다. 두 군데의 병원, 요도가와기독병원과 오사카대학병원에서 일할 기회가 있었다. 전자는 임상이 중심이고 후자는 연구가 중심인 곳이었다.

어느 쪽을 선택할지 결정하기가 무척 힘들었다. 그래서 당시 출석하던 교회의 목사님과 상의했다. 목사님이 말씀하셨다.

"타인을 위해 많은 시간을 사용할 수 있는 근무지가 좋겠습니다."

일의 종류를 타인을 위해 사용하는 시간의 길고 짧음으로 결정하라는 건 상당히 특이한 조언이다. 목사님은 나눠주는 삶을 선택할 것을 간접적으로 권하신 것이다. 그 조언만으로 결정한 건 아니지만 나는 임상의 길을 가기로 결정했다.

사람은 살아온 것과 똑같이 죽어간다

죽음의 준비

사회보장인구문제연구소의 추계(推計)에 따르면 2020년대에는 매년 사망자 수가 150만 명에 이르며, 이는 출생자 수의 두 배에 달할 거라고 한다. 2011년 일본인 사망자 수는 126만 명으로, 출생자 수를 훨씬 웃돌았다. 일본은 '다사시대'(多死時代)에 들어갔다.

그렇다면 일본인은 어디에서 죽음을 맞고 있을까? 2010년의 통계에 따르면 병원(78.4퍼센트), 자택(11.9퍼센트), 요양원(5.1퍼센트), 진료소(2.6퍼센트), 노인보건시설(1.3퍼센트), 기타(2.6퍼센트) 순이라고 한다. 지금부터 57년 전인 1955년에는 병원사가 10.5퍼센트, 자택사가 78.6퍼센트였다.

60년도 지나지 않은 사이에 자택사와 병원사의 비율이 역전되었다. 최근 20년간 사망 장소의 변화를 보면 자택사가 줄고 있는 데 비해 요양원에서의 죽음은 점차 늘고 있다.

병원은 더 이상 사람들에게 죽음의 장소로 침대를 제공하기 어렵게 되었다. 다사시대를 맞아 전국적으로 자택사와 요양원에서의 죽음을 늘리는 방책을 간구할 필요가 있다.

일본인의 사망 원인 중 1위는 암이다. 1981년 이래 30년간 계속 1위를 차지하고 있다. 2010년에 암으로 사망한 사람은 약 350만 명으로, 세 명 중 한 사람은 암으로 사망했다. 더구나 고령화사회를 맞이한 두 명 중 한 명이 암에 걸린다.

암으로 죽음을 앞둔 사람은 어디에서 죽음을 맞이할까? 2010년 조사에 의하면 병원의 일반병실이 84퍼센트, 호스피스 · 완화케어 병동이 8퍼센트, 자택이 7퍼센트, 개호시설이 1퍼센트였다. 암은 고통스럽고 그 외 괴로운 증상을 동반하기 때문에 자택에서 죽음을 맞기가 어렵다고 한다. 전국적으로 암 환자의 자택 돌봄 제도가 조금씩 갖추어지고 있으며, 우선 자택사가 10퍼센트에 이르게 하는 걸 당면과제로 삼고 있다.

내가 이사장으로 있는 호스피스 완화의료학회는 2011년에 다음과 같은 의식조사를 실시했다.

"만약 당신이 암으로 여생이 1,2개월밖에 없다면 어디에서 요양생활을 하고 싶습니까?"

집에서 요양하길 희망한다고 답한 사람이 전체의 80퍼센트에 달했다. 그러나 마지막까지 집에서 보내길 희망하는 사람은 4분의 1이하였다. 대부분이 최후까지는 불가능하다고 생각한다는 결과가 나왔다.

한 사람이 어떻게 죽음을 맞이할지는 하나님의 영역이다. 그러나 죽음의 장소에 대해서는 가족 간에 서로 이야기해두는 게 중요하다. 반드시 맞이하게 될 자신의 죽음에 대해 마음의 준비를 해둘 필요가 있다.

창조적인 노년의 삶

일본인의 평균 수명은 남성이 79.64세, 여성이 86.39세이다(2010년 통계). 기업의 정년을 65세라고 치면 은퇴 후의 남은 인생은 남성이 약 15년, 여성이 약 20년이다(이것은 평균 연령이므로 더 장수하는 사람도 많을 것이다).

덧붙여 말하면, 2012년 11월 말까지 내게 도착한 계보의 평균 연령은 90.2세였다. 이런 사람들은 65세 정년부터 25년간 어떤 생활을 하며 지냈을까? 초로기의 사람은 "별로 오래 살고 싶지 않다"고 말한다. 그러나 현실적으로 우리는 '살게 된다'. 따라서 기나긴 노년을 어떻게 살지는 매우 중요한 과제이다.

충실한 노년을 보내기 위해서는 노년을 받아들일 마음의 준비를 하는 게 중요하다. 늙음은 여러 신체 기능을 상실하는 과정이다. 시력과 청력, 근력 등 전체적인 체력이 쇠약해진다. 사람들은 대부분 남아 있는 기능보다 쇠약해진 기능에 신경을 많이 쓴다. 예를 들어 눈은 건강해도 귀가 멀어진 것을 한탄하고, 그에 따라 삶에 대한 태도도 소극적이 된다.

그러나 진취적으로 살아가는 노인은 남아 있는 기능에 주목한다. 귀가 좀 멀어도 눈이 잘 보이는 것에 감사한다. 눈은 좋고 귀가 나쁘다는 상황은 같아도, 그것을 받아들이는 태도에 따라 삶의 방식이 바뀐다.

사물을 받아들[illegible]법에도 영향을 끼친다. 노인[illegible]을 동반하는데, 치료 과정[illegible]난다. 투약과 카운슬링으로[illegible] 잠은 잘 수 있게 되었는데 [illegible]하는 사람과 "아직 식욕[illegible] 잘 수 있게 되었어요"라 고[illegible]

전자는 병세가 좀처럼 좋아지지 않지만 후자는 점점 좋아진다. 잠을 못 잔다, 식욕이 없다는 상황은 같지만 그것을 받아들이는 방식이 다른 것이다. "아직 식욕이 없다"라고 부정적인 말로 끝나는 것과 "잠을 잘 잘 수 있게 되었다"라는 긍정적인 말로 끝나는 것의 차이다.

최근 의학의 영역에서 정신신경 면역학이 주목을 받고 있다. 마음을 다스리는 방법(정신)이 신경계에 영향을 끼치고 또 면역계에도 관련이 있다는 게 밝혀졌다. 진취적이고 긍정적인 삶의 방식은 면역 기능을 높인다. 반대로 각종 근심과 비애, 억압 상태에서는 감기에 잘 걸리며 여러 감염증과 알레르기 질환, 심지어 암의 발생률이 증가한다.

마음을 다스리는 방법과 긍정적인 사고방식은 나이 드는 방법에도 영향을 준다. 나이를 먹으면서 신체 기능이 약해지는 건 피할 수 없다. 중요한 것은 그것을 어떻게 받아들이는가에 있다. 쇠약해진 기능에 탄식하고 슬퍼할 게 아니라 남아 있는 기능을 최대한 활용하여 재조정한다면, 노년을 창조적이고 즐겁게 살아갈 수 있을 것이다.

고령자의 생명 연장장치

우리가 생명을 유지하는 것은 매일 음식을 먹고 있기 때문이다. 먹지 못하면 굶어 죽는다. 적정한 온도에서 안정을 취하고 수분을 섭취하면 아사(餓死)하기까지 한 달 이상의 시간이 걸리지만 그 이상은 살기 어렵다.

먹지 못하면 생명이 위험하다는 건 누구나 아는 사실이다. 의학이 발달하지 않았을 때에는 병에 걸리면 먹지를 못해 생명을 잃는 경우가 많았다. 그러나 지금은 입으로 먹지 못하더라도 링거나 위루형성술(gastrostomy)을 통해 생명을 이어갈 수 있게 되었다. 입으로 먹을 수 없는 환자나 고령자의 위에 관을 연결하여 영양을 공급하는 게 위루형성술이다. 그것은 고마운 일이지만 한편으로 큰 고민이 되기도 한다.

예를 들어 뇌졸중으로 연하장애(嚥下障碍, 인 후두의 기계적인 협착, 또는 입술, 혀, 구개, 인 후두에 관계하는 운동성 뇌신경핵[안면, 미주 · 설하신경]의 장애로 음식물을 삼키지 못하는 것—역주)가 있어서 입으로 음식을 먹으면 폐렴을 일으킬 가능성이 있는 고령 환자에게 위루형성술을 실시해야 하는가는 결정하기 어려운 문제이다.

위루술을 통해 영양을 섭취하고 있는 환자 수는 40만 명 이상으로 알려져 있으며 고령화와 함께 매년 증가하는 추세다. 이런 실태를 감안하여 일본노년의학회가 고령자의 종말기 의료에 위루술 등의 인공적인 수분, 영양 공급을 10년 만에 개정하고 "치료의 보류와 철퇴도 선택지"라는 견해를 내놓았다.

위루는 체력 회복에 효과를 주지만 미국과 유럽과 일본에서는 치매 말기로 자리에 누워만 있는 환자에게도 사용되기 때문에 '인간 존엄성'이라는 관점에서 그 시비가 끊이지 않고 있다.

일본은 세계 1위의 '위루대국'으로 알려져 있으며 심지어 "위루 아파트"라고 불리는 고령자 전용의 임대주택까지 있다고 한다. 이곳에서는 좁은 방의 침대에 종말기의 고령자가 위루를 달고 무감각하게 천장을 바라보며 하루하루를 보내고 있다고 한다.

앞서 말했듯이 노년의학회의 견해를 비롯한 신속한 법 개정보다 더 중요한 것은 사전에 밝힌 환자의 의사를 존중해 환자의 최후의 순간까지 최선을 다하는 의료 활동이다. 나는 인간의 생과 사에 대한 기본을 가르치는 게 죽음에 대한 교육이라고 알고 있다. 그 기본은 삶의 신성함(SOL)과 삶의 질(QOL)의 균형을 어떻게 유지하는가로 집약된다.

생명은 신성하기 때문에 고통이 있더라도 연명해야 한다는 건 극단적인 생각이다. 반면에 고통이 심하면 QOL이 손상되기 때문에 바로 생명 유지를 중단해야 한다는 것도 극단적인 판단이다. 어렵지만 기본은 SOL을 충분히 존중하면서 QOL을 중시한 의료를 진행해나가는 것이라고 생각한다.

복잡한 슬픔

교토 시의 전통제지 판매회사인 가키모토상사가 "뜨거운 마음을 편지에 담아 전하자"라는 취지로 시작한 '고이부미 대상'(연애편지대상)에 스가하라 후미코 씨의 "당신에게"라는 편지가 당선되었다. 후미코 씨의 남편은 동일본 대지진 후에 자택 옆의 주류 판매점을 정리하다가 쓰나미에 휩쓸려 행방불명이 되었다.

2011년 여름이 지나고 지진 피해가 있은 지 5개월 후에 후미코 씨는 행방불명된 남편 앞으로 한 통의 편지를 썼고, 그것으로 대상을 받았다. 그 편지의 마지막 부분을 소개한다.

바라건대 눈 내리는 추운 계절이 오기 전에 돌아오세요. 어떻게든 돌아와주세요. 가족 모두가 기다리고 있어요. 저는 평소대로 가게에서 기다리고 있을게요. 오로지 당신이 집에 오기만을 기다리고 있어요.

지진 피해가 있은 지 15개월 후에 남편의 유해가 발견되었다. 그때 후미코 씨는 "이제야 돌아와주셨네요. 저는 앞으로도 가족의 역사를 만들어갈게요"라고 말했다. 유해가 발견된 건 괴로운 일이다. 어쩌면 어딘가에 살아 있을지도 모른다는 한 가닥 희망이 사라진 것이다.

지진 이후 1년 이상 경과하면 실종자 가족의 마음속에는 생존의 기대가 작아진다. 그러나 유해가 발견되지 않으면 마음의 '정리'가 되지 않는다.

후미코 씨는 남편이 유해로 발견되었을 때 "이제야 돌아오셨네요"라고 했다. 남편은 비로소 가족의 일원이 되었고, 거기서 가족은 새로운 삶을 살기 시작했다. 그런 의미로 그녀는 "앞으로도 가족의 역사를 만들어갈게요"라고 한 것이다.

2011년 9월 7일, 경찰청의 보고에 의하면 지진 피해로 인한 사망자는 25,870명, 행방불명자는 2,846명이라고 한다. 나도 수차례에 걸쳐 피해지역을 방문해서 가족의 이야기를 들었다. 그때 유해를 찾을 수 없는 것이 가족에게는 너무나 복잡한 슬픔이라는 걸 알게 되었다.

한 중년 남성이 말했다.

"아내가 쓰나미에 휩쓸려갔습니다. 이제 어딘가에 살아 있을지도 모른다는 생각은 버렸지만 도저히 사망신고를 할 수가 없습니다. 신고를 하면 내가 아내를 죽인 것 같은 생각이 들어서요."

남편이 행방불명된 한 여성이 말했다.

"언제까지 계속 슬퍼하기만 해서는 안 된다는 생각에 며칠 전 사망신고를 하고 장례를 치렀어요. 하지만 아직도 마음의 정리가 되질 않아요."

유해와 대면하고 죽음이라는 현실을 체험하면 그때부터 사별 후의 비통함이 시작된다. 그것은 너무 괴로운 일이다. 하지만 그 슬픔에는 복잡함이 없어 보인다. 그에 비해 유해를 찾을 수 없는 슬픔은 매우 복잡하다. 그 사람이 자신이 있는 곳으로 돌아와 주지 않기 때문이다.

여전히 수천 명의 행방이 묘연한 상태이다. 그들의 가족이 복잡한 슬픔을 짊어지고 하루하루를 보내고 있다는 사실을 기억해주었으면 한다.

시련과 과제

어떤 가족에게도, 가정을 구성하는 각자에게 과제가 있을 것이다. '과제'를 사전에서 찾으면 "해결을 요하는 문제"라고 나온다. 이와 아주 비슷한 말로 '시련'이 있다. 사전에는 "신앙, 결심, 실력의 정도를 시험하기 위한 고난"이라고 나와 있다.

시련과 관련하여 나는 두 사람의 일이 생각났다. 한 사람은 내가 정신과 의사로 일선에서 일하고 있을 때 만났다. 35세의 독신 남성 환자였는데 통합실조증(정신분열증)이 20세쯤 발병하여 15년째 일곱 차례의 입퇴원을 반복하고 있었다.

입원이 필요하다는 것을 어머니에게 알렸을 때 그녀는 매우 차분한 어조로 “알겠습니다. 잘 부탁드립니다” 하고 말했다. 나는 “몇 번이나 입퇴원을 반복하셨네요. 지금까지 너무 힘드셨겠어요”라고 위로했다.

그러자 어머니는 역시 침착한 표정으로 “하나밖에 없는 제 아들이니 제가 돌보는 건 당연하죠” 하고 말했다. 그리고 “이것도 하나님이 저에게 주신 시련이라고 생각해요”라고 덧붙였다. 그녀는 작은 교회의 신자였다.

또 한 사람은 72세의 남성으로 호스피스에 입원한 간암 말기 환자였다. 병력에 대해 물어보니 2년 전에 2년간 진행된 간암이 발견되어 여러모로 치료를 했지만 효과를 보지 못하고 입원을 결단했다고 한다.

4년 전에 부인을 난소암으로 잃었고, 2년 전에는 큰딸이 유방암으로 죽고, 또 1년 전에 작은 딸이 난소암으로 죽었다고 한다.

그는 입원 때부터 안정되고 차분한 상태였기 때문에 그에게 그렇게 큰 시련이 있으리라고는 상상도 하지 못했다. 어느 날 회진 때 그가 내게 했던 이야기가 매우 인상적이었다.

"아내를 간호할 때 저는 결심했죠. 저도 언젠가 반드시 아내가 있는 곳에 가겠다고. 그리고 열심히 살아서 재미있는 이야기보따리를 선물로 가져가야겠다고 생각했어요. 그러나 큰 딸아이와 작은 딸아이를 계속 잃게 되어서 아내에게 그렇게 재미있는 이야기를 해줄 수 없을 것 같아요. 하지만 딸 둘을 열심히 간호했노라고 말할 겁니다. 이제 곧 저세상에서 아내를 만난다고 생각하니 죽음이 그렇게 두렵지만은 않네요."

나는 그의 이야기를 들으면서 대단한 사람이라는 생각이 들었다.

사람이 감당할 시험 밖에는
너희가 당한 것이 없나니
오직 하나님은 미쁘사
너희가 감당하지 못할 시험 당함을

허락하지 아니하시고

시험 당할 즈음에 또한 피할 길을 내사

너희로 능히 감당하게 하시느니라

고전 10:13

이 말씀이 그를 붙드셨는지는 알 수 없지만 이 말씀에 의지하여 시련을 딛고 일어난 사람은 많다. 그도 역시 신앙을 가지고 있긴 했지만 아무리 신앙인이라 해도 이런 시련을 딛고 담대하게 뛰어 넘을 수 있는 사람은 흔하지 않다.

죽음의 준비 교육

평소에 TV를 거의 보지 않다가 연말에 NHK에서 방영한 〈프로페셔널 이치로 스페셜〉이라는 다큐멘터리를 봤다. 그가 소속 팀을 이적할 때의 갈등과 타격부진, 그리고 다시 회복하는 과정과 아내의 내조 등이 그려졌다. 또한 '이치로 어록'이라고 할 정도로 유명한 그의 말들이 소개되었다.

그의 어조에는 힘이 있어서 그의 말을 활자로 읽는 것과 얼굴 표정을 보면서 목소리를 직접 듣는 것은 임팩트가 달랐다. 나는 아나운서에게 이야기하는 그의 진지한 표정, 조금은 근심 어린 눈빛, 생각하면서 천천히 말하는 음성, 가끔씩 보이는 천진한 미소에 눈을 떼지 못했다.

그의 말 중에서 인상 깊었던 것 두 가지만 이야기해보겠다. 첫 번째는 "야구선수에게 무엇이 가장 중요한지를, 야구선수를 그만두고 난 후가 아니라 현역 선수로 있을 때 알고 싶다"는 거였다.

현 단계에서 야구선수에게 가장 중요한 것이 무엇인지 아직 확실하게 알 수는 없지만 그것을 알게 되는 시점이 은퇴한 후가 아니라 활동 중이었으면 좋겠다는 게 그다운 희망이었다.

또 하나는 반드시 오게 될 은퇴에 관한 것이었다. 39세의 이치로 선수는 이제 젊지 않다. 머지않아 야구인생에 이별을 고해야 할 것이다. 그가 "머지않아 저는 야구선수로서의 죽음을 맞이합니다. 그 죽음을 웃으면서 맞이하고 싶습니다"라고 말했다.

그는 은퇴를 '죽음'이라는 단어로 표현했다. 누구도 피할 수 없는 죽음을 은퇴에 비유한 점도 그다운 발상이다. 그의 이야기를 들으며 나는 '죽음의 준비 교육'에 대해 생각했다. 그는 현역 선수의 죽음(은퇴)을 대비하고 마음의 준비를 하고 있다.

심혈을 쏟아온 것이 종말을 맞게 되는 것을 '작은 죽음'이라고 할 수 있다. 몇 가지 작은 죽음을 경험하면서 그것을 극복해온 사람은 진짜 죽음을 쉽게 받아들인다는 걸 나는 임상 경험을 통해 알게 되었다.

반드시 찾아올 죽음에 대해 마음의 준비를 해두는 게 중요하다는 생각으로 각 연령대에 맞추어 '죽음의 준비 교육'을 실시할 필요가 있다. '성'과 '죽음'은 교육현장에서 다루기가 매우 힘든 분야이다. 어느 나라든지 성 교육이 죽음 교육보다 앞서 있다. 일본에서도 죽음 교육은 아직 시작 단계에 머물러 있다. 하지만 이것들은 현재 매우 중요한 과제이다.

타고난 개성

엄마와 아빠가 아이들을 대하는 모습을 보면 큰 차이가 있다. 엄마는 그야말로 세세하게 신경을 쓰지만 아빠는 대충대충이다. 이 경향은 할머니와 할아버지에게도 해당된다.

남성성과 여성성이라는 말이 있다. 이것은 남성과 여성의 내면에 각각 특징적인 부분이 있다는 의미로, 파트너십을 비롯해 대인관계에 예상 밖의 영향을 미치는 요소이다. 여성이라도 활발하고 남성적인 사람은 "남성성이 강하다"고 말하고, 남성이라도 여성스러운 감성과 부드러움을 지닌 경우에는 "여성성이 강한 남성"이라고들 말한다.

남성성은 '남자다움'으로 형용되는 강력한 힘, 책임감, 이론

적 사고, 강인함, 포용력(남성적인), 친절함, 영향력, 강한 인내심, 리더십 등을 들 수 있다. 한편 여성성은 부드러움과 자애, 친절함(여성적인), 포용력, 수용, 감정적 사고 등을 들 수 있다.

인간은 남성성과 여성성이 서로 혼재하여 그 사람의 '개성'이 결정된다. 또 선천적인 요소와 환경에 의해 만들어진 후천적인 요소로 이루어진다. 자신의 개성을 어떻게 생각하는가에 따라 삶의 방식에 차이가 생긴다.

성경은 인간의 개성이 "하나님으로부터 받은 선물"이라고 가르치고 있다. 인간은 각자 주어진 개성과 선물을 사용하여 다양한 활동을 한다.

> 또 사역은 여러 가지나
> 모든 것을 모든 사람 가운데서 이루시는
> 하나님은 같으니
>
> 고전 12:6

원래부터 우울증 증세가 있는 한 남성을 진찰한 적이 있다. 그는 병을 계기로 신앙을 가지게 되었다. 본래 매우 신경질적인 자신의 성향을 못마땅해 한 그였지만 우울증 증세가 개선되고 직장에 복귀해서도 성격은 별로 변하지 않았다.

그러나 그가 말했다.

"지금까지는 제가 신경질적이라는 게 싫었지만 신앙이 생긴 후부터는 이것도 하나님께서 주신 개성이라고 생각하게 되었습니다. 예민한 신경 덕분에 동료들의 아주 세심한 마음의 움직임을 잘 읽을 수 있고, 일을 할 때도 그런 성격이 도움이 됩니다."

자신의 개성을 신앙적으로 받아들일 때 약점이라고 생각했던 것이 강점이 된다.

마음의 상담실

동일본 대지진이 일어난 지 2년이 되어가는 2013년 1월에 아직도 임시 가옥에서 살고 있는 사람이 약 32만 명이라고 한다. 이렇게 많은 사람들이 사별의 슬픔을 안고 자택으로 돌아가지 못한 채 고향을 잃고 경제적인 문제와 미래에 대한 불안으로 마음을 졸이며 하루하루를 살아가고 있다.

지진 피해를 입은 직후, 많은 단체들이 피해자 지원 프로그램을 실시했다. 그 하나가 마음의 상담실이다. 불교의 승려와 기독교의 목사, 그 외의 종교지도자가 종파를 초월해 설립한 것으로 지진으로 가족과 사별한 사람들을 위한 조문과 기도 등을 통해 종교적인 돌봄을 제공한다.

지금은 종교지도자뿐만 아니라 슬픔 치유 전문가, 의료와 생활지원 전문가가 혼연일체 되어 피해자 돌봄에 전념하고 있다. 나 자신도 이 활동을 응원하기 위해 센다이와 이시마키 방면으로 나섰다.

마음의 상담실이 펼치는 특별한 활동 중에는 "Café de Monk"(카페 드 몽크)가 있다. 임시 가옥의 한쪽에 "Café de Monk"라고 쓰인 나무 간판이 걸려 있고, 그 아래에는 "스님의 다실"이라고 쓰여 있다. 'Monk'는 '수도사'나 '승려'라는 뜻이지만 동시에 어떤 '불평'도 다 들어준다는 의미도 포함되어 있다(일본어로 '불평'을 뜻하는 'monku'[文句]와 발음이 비슷함—역주).

임시 가옥의 주민이 여러 가지 상담을 위해 찾아오면 승려와 목사가 차분히 귀를 기울인다. 그곳에 오기 힘든 사람들을 위해 이쪽에서 찾아가기도 한다. 또한 전화 상담에도 응대하고 있다. 얼굴과 얼굴을 마주하고 상담하는 것보다 전화로 상담하길 원하는 사람들이 있다. 전화 상담에도 승려와 목사가 교대로 역할을 담당한다.

마음의 상담실이 하나의 계기가 되어 도호쿠대학의 문학연구과에 '실천종교학'이라는 기부강좌가 탄생했다. 강좌의 목적은 여러 신앙을 가진 사람들의 종교적 수요에 적절히 대응할 수 있는 전문직(가칭 '임상종교학'이라 부른다) 육성을 꾀한다는 것이다.

조금 다른 이야기이지만 내가 이사장으로 있는 호스피스 완화의료학회라는 공익재단법인이 2012년에 국민의 죽음에 대한 의식조사를 한 결과의 일부를 소개한다.

"죽음에 직면했을 때 종교가 정신적 지주가 된다고 생각합니까?"라는 질문에 "그렇다"고 대답한 사람이 54.8퍼센트로 과반수를 차지했다. 2008년에 실시한 조사와 비교하면 "그렇다"고 대답한 사람이 39.8퍼센트에서 54.8퍼센트로 15포인트나 증가했다.

동일본 대지진으로 2만 명이 넘는 희생자가 발생했고, 그 조문과 유족의 슬픔에 종교지도자가 활약한 데 따른 영향이 적지 않다는 생각이 든다. 동일본 대지진이 삶과 죽음과 종교를 진지하게 생각해보는 계기가 되었다는 생각이 든다.

항상 기도하라

쉬지 말고 기도하라

범사에 감사하라

이것이 그리스도 예수 안에서

너희를 향하신 하나님의 뜻이니라

살전 5:16–18

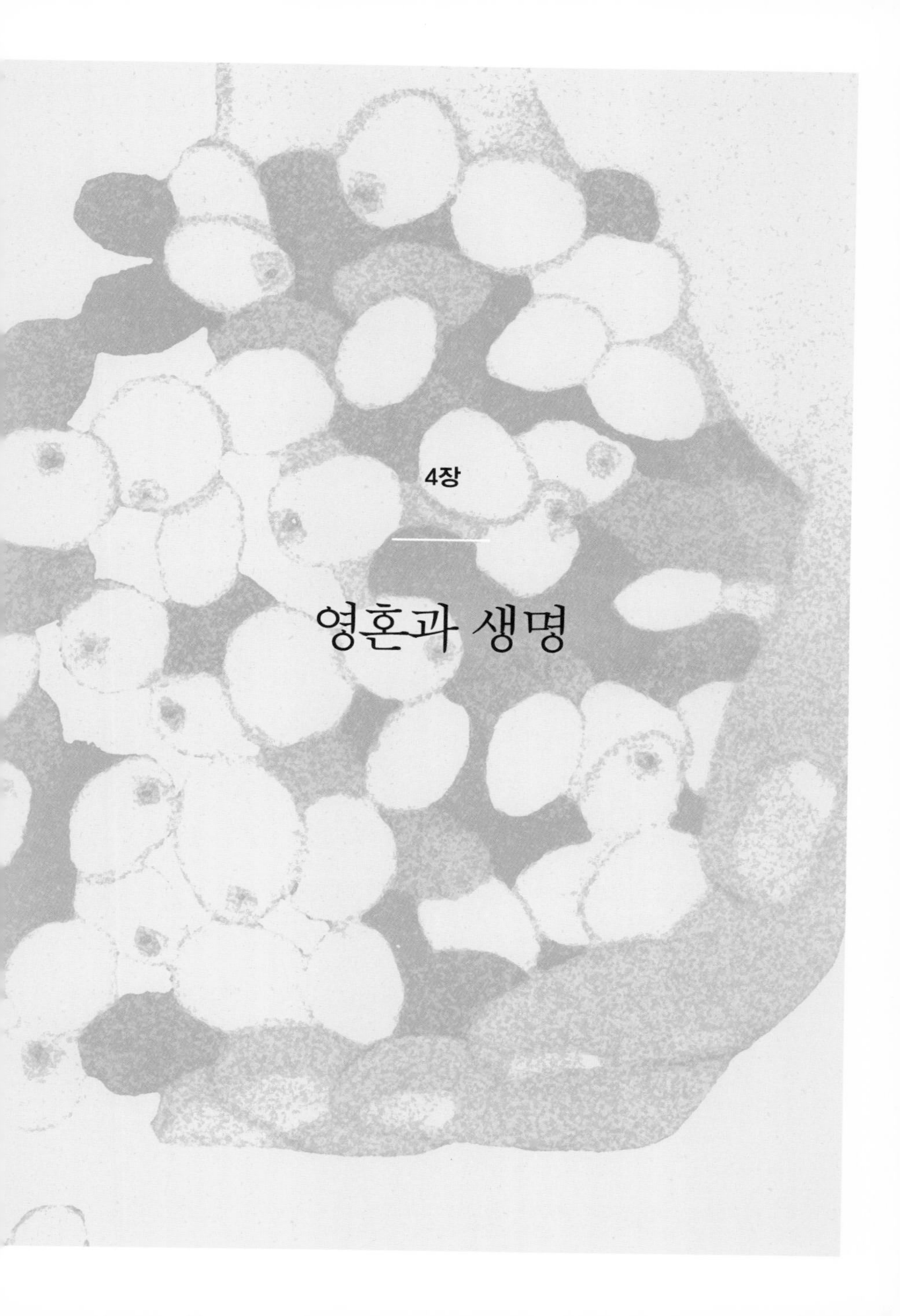

4장

영혼과 생명

보이지 않기에 믿는다

얼마 전 내가 다니고 있는 교회에서 와세다대학의 명예교수인 도고 가쓰아키(東後勝明) 교수를 초청하여 전도집회를 열었다. 그는 "있는 그대로를 산다"라는 제목으로 좋은 말씀을 해주었다. 그의 이야기 중에 가장 인상 깊었던 건 "보이지 않기에 믿는다"라는 말이다.

가쓰아키 교수는 큰 병에 걸린 것을 계기로 57세에 세례를 받았다. 그가 그때의 체험을 이렇게 말했다.

"눈으로 보고 손으로 만지고 그 존재를 인간의 오감으로 인식할 수 있다면 믿을 필요가 없다. 그저 인식하기만 하면 된다. 보이지 않고 만질 수 없기 때문에 믿는 것이다."

성경에는 "믿음은 우리가 바라는 것들에 대한 실물이며 보이지 않는 것들에 대한 증거입니다"(히 11:1, 현대인의 성경)라고 쓰여 있다. 하나님의 모습을 보지는 못하지만 그런 하나님의 존재를 믿는 것이 신앙이다.

또 실제로 예수님의 손에 난 못 자국을 보고 옆구리에 손을 넣어보지 않고는 믿을 수 없다고 말한 도마에게 예수님은 "너는 나를 본 고로 믿느냐 보지 못하고 믿는 자들은 복되도다"(요 20:29)라고 말씀하셨다.

진정 보이지 않고 만질 수 없기에 믿는 것이다. 보고 인지하는 것은 시각 활동이며, 만지고 인식하는 것은 촉각 활동이다. 감각은 인간에게 주어진 신체 기능이며 기쁨과 즐거움을 느끼는 것은 정신 기능이다.

그러면 믿는다는 것은 어떤 기능일까? 그것은 영의 활동이라고 생각한다. 인간은 신체적, 정신적, 영적 존재이다. 신을 믿고 사후의 세계를 믿는다는 것은 인간의 영적 부분(영혼)의 활동 결과이다.

믿는 것이 영의 활동이라면 믿는 근거가 되는 건 무엇일까? 그것은 성경이다. 그리고 성경을 읽고 지적으로 해석하는 게 아니라 하나님의 말씀으로 믿는 게 신앙이다. 최종적으로 하나님을 믿는 것은 영의 활동에 의한 것이지만 그곳에 이르는 과정에서 한 사람 한 사람은 각자 다양한 순간을 경험한다.

내 경우에는 하나님을 알아가는 과정에서 전 세계에 약 2억 명의 크리스천이 존재한다는 걸 알게 되었다. 그 정도로 많은 사람이 믿고 있는 것은 기독교에 그 나름의 진리가 있기 때문은 아닐까 하는 생각이 들었다.

깊은 시름을 안고 교회에 온 사람이 구원을 받고 세례를 받고 고민에서 해방되어 기쁨이 충만한 신앙생활을 하는 모습을 보고, 그 사람을 변화시킨 하나님의 존재를 느낀 적도 있다.

이 원고를 쓰고 있는 방에서 창밖을 보니 나뭇잎들이 바람에 나부끼며 흔들리고 있다. 바람은 보이지 않지만 잎의 흔들림으로 나는 바람의 존재를 확신한다. 진보라색 팬지꽃을 바라보고 있자니 그야말로 하나님의 작품이란 생각이 든다. 영을 맑게 잘 닦으면 하나님을 느낄 수 있다.

있는 그대로를 산다

계속 기도한다는 것

축구는 인기 스포츠 종목이다. 특히 일본 여자 축구 국가대표팀은 여자월드컵에서 아시아 지역 대표팀으로는 처음으로 우승을 차지했다. 꾸준히 연습에 연습을 거듭하여 좋은 결과를 낳은 것이다.

축구시합을 보고 있으면 가끔 기적적으로 득점하는 장면을 목격한다. 이에 대해 전 일본 대표의 이비차 오심(Ivica Osim) 감독은 이렇게 말했다.

"매일 기적이 일어날 리 없다. 기적은 금으로도 살 수 없다. 착실히 준비하지 않으면 기적은 일어나지 않는다."

오랜 기간 여러 축구팀의 감독을 해온 사람인만큼 그 말에 무게감이 느껴진다. 그는 그 외에도 함축된 단어로 축구의 진수를 느끼게 하는 말을 많이 남겼다. 이것을 '오심 어록'이라고 한다는 것을 최근에야 알게 되었다.

그가 강조하는 것은 얼핏 운 좋게 기적적으로 경기에서 득점을 한 것 같이 보여도, 그것은 오랜 시간에 걸쳐 착실히 준비하고 연습을 해온 결과라는 것이다. 그의 말은 축구뿐만 아니라 다른 많은 스포츠에도 적용된다는 생각이 들었다.

발명과 발견도 우연히 운 좋게 이루어진 게 아니라 한 가지 일에 오랜 시간 성실히 몰두해온 결과로 이루어진 것이다. 우리 인생에도 오랜 시간 염원해온 것이 마치 생각지도 않게 우연히 일어난 것 같은 형태로 실현될 때가 있다.

제자 중에 음악치료사 자격을 가진 여성이 있는데, 그녀의 오랜 소원은 호스피스에서 음악치료사로 일하는 것이었다.

그녀가 대학생 때, 어머니가 췌장암으로 호스피스에서 돌아가셨는데 그곳에 음악치료사가 상근 스태프로 환자 돌봄을 하고 있었다. 그 치료사가 일하는 모습을 보고 자신도 반드시 호스피스에서 음악치료사로 일해야겠다고 결심했다고 한다. 그러나 그 길은 생각처럼 쉽게 열리지 않았다.

크리스천이었던 그녀는 끊임없이 기도했다. 그러나 기도 응답을 받지 못한 채 작은 회사에 입사해 사무원으로 일했다. 그렇게 3년의 세월이 흘렀지만 매일 기도하기를 멈추지 않았다.

어느 날 회사 거래처인 캐나다 회사에서 일본으로 해외출장을 온 직원이 캐나다의 호스피스 음악치료사를 잘 알고 있다는 것을 우연히 알게 되었다. 그리고 그의 소개로 캐나다로 유학을 가게 되었다.

그녀는 현재 공부를 마치고 몬트리올의 호스피스에서 음악치료사로 일하고 있다. 얼마 전 그 제자에게서 편지가 왔다. 편지의 마지막에 성경말씀이 적혀 있었다.

항상 기도하라

쉬지 말고 기도하라

범사에 감사하라

이것이 그리스도 예수 안에서

너희를 향하신 하나님의 뜻이니라

살전 5:16-18

하나님은 그분의 방법으로 그분이 정하신 때에 우리의 기도에 응답하신다.

위를 향한 기도

최근 병원에서 '환자님'이라는 말을 사용하자는 움직임이 일었다. 그 배경에는 여러 요소가 있지만 병원이 따뜻하고 친절한 자세로 진료하고 치료한다는 것을 환자에게 알리려는 게 하나의 목적이라고 생각한다.

이 움직임은 관동지방에서 시작되었는데 전국적으로 퍼져 나가지는 못했다. 심지어 환자님이라는 말을 쓰다가 이전처럼 환자, 환자분으로 되돌린 병원도 있다. 왠지 환자님은 환자들 사이에서 평판이 그다지 좋지 않은 듯하다. 그렇게 불리면 친밀감을 느낄 수 없다는 게 이유다.

병원 측은 환자를 소중히 생각하는 자세를 보여주려 했지만 오히려 역효과를 가져온 것이다. 신문에 다음과 같은 센류가 실렸다.

'님'이 아닌 '분'으로 충분하니 빨리 진찰해주길.

(「さま」でなく「さん」でいいから早く診て。)

진정한 서비스는 형식적인 호칭의 연구가 아니라 기다리지 않고 빨리 진찰을 받을 수 있도록 실질적인 행위로 보여주어야 한다는 주장을 표현한 것이다.

실질적이지 못한 채 형식으로만 흘러가버리는 일은 이 세상에 많다. 물론 형태를 갖추기 위해서는 형식적인 것이 필요하다. 새로운 건물의 준공식과 개업 10주년 기념식 등에는 형태를 갖추기 위해 매우 형식적인 내빈이 참석한다.

기도에도 형식적인 기도와 실질적인 기도가 있지 않을까. 내가 2012년 3월까지 총장으로 근무했던 대학에서는 이사회, 평의회, 교수회 등의 경우 개회 기도를 한다. 하루에 다섯 건 정도의 회의에서 매번 시작에 앞서 기도를 하는데 다섯 번째 정도가 되면 스스로도 확실히 느낄 정도로 기도가 형식적이 된다.

어느 날 마지막 회의를 마치고 인사 관계의 복잡한 문제를 논의하기 위한 모임을 가졌다. 내가 사회를 보게 되었는데 역시 기도로 시작했다. 나는 사람의 지혜를 넘어 위로부터 주시는 지혜를 주시길 간절히 기도했다. 형식적인 기도가 아니라 실질적인 기도였다.

당연한 일이지만 하나님을 향해 기도했다. 내 기도는 위를 향했다. 나를 포함한 다섯 명의 교원이 있었는데 기도하는 그 순간에 네 명의 교원은 내 의식 밖에 있었다. 실질적인 기도는 위를 향한다.

한편 형식적인 기도는 위를 향하는 게 아니라 옆을 향하는 것 같다. 같은 날, 교무 관계 회의에서 내 기도는 위를 향하지 않고 옆을 향해 있었다. 기도의 말은 하나님을 향한 것이었지만 내 기도의 방향은 그곳에 참여한 교원을 향한 것이었다. 견고히 위를 향한 기도를 드릴 수 있길 바란다.

기운과 임재

야근을 하고 늦게 귀가한 날이었다. 가족이 깨지 않도록 현관문을 조용히 열고 발소리를 죽여 침실로 갔다. 다음날 아침 함께 사는 99세의 어머니가 "어젯밤은 늦게 들어왔네" 하고 말씀하셨다. 귀가 거의 들리지 않아 보청기 없이는 대화가 불가능한 어머니가 내가 집으로 들어오는 소리를 들었을 리 없었다.

내가 어머니께 "소리 내지 않으려고 신경을 썼는데 무슨 소리가 났나요?"라고 묻자 어머니가 "기척으로 알았지"라고 말씀하셨다.

'기운', '기척'을 사전에서 찾으면 "여러 상황에서 느낄 수 있으나 눈으로 볼 수 없는 현상", "있는 줄 알 만한 소리나 기색"이라고 되어 있다. 예문으로 "가을의 기운을 느끼다"가 있었다. 기온, 하늘 색, 바람 감촉 등 여러 상황에서 가을의 기운을 느낄 수 있다. 시각, 청각, 후각, 미각, 촉각이라는 오감의 총합적인 움직임이 기운일지도 모른다.

이전에 어머니가 또 이 말을 사용하신 것이 기억난다. 집에서 상당히 먼 직장이 정해졌을 때 직장 가까운 곳에 방을 얻을지, 집에서 다니는 것을 원칙으로 하되 늦어질 경우에는 직장 근처 호텔에서 잘지를 선택해야 했다. 어머니는 가능하면 후자였으면 좋겠다고 하셨다.

"늦게 와서 얼굴을 못 보더라도 기척이라도 느끼고 싶다."

나는 이 말에 굴복했다. 그리고 집에서 출퇴근하는 것을 원칙으로 결정했다. 직장에는 상당히 민폐를 끼쳤지만 어머니께는 좋았을 것이다.

기묘한 연상일지 모르지만 이 "기운으로 안다"는 말에서 '임재'라는 단어를 생각했다. 임재는 '하나님이 그곳에 계신다'는 감각이다. 크리스천은 "하나님의 임재를 느꼈다"고 말한다. 이 임재는 어떤 감각일까? 적어도 보거나 듣거나 만질 수 있는 것은 아닐 것이다. 인간의 오감이 아닌 기운과 같은 총합적인 감각과도 다른 것 같다.

이 임재를 느낀 적이 있다. 캐나다 몬트리올 교외의 세계호스피스대회에 참가했을 때였다. 오후에 자유시간이 생겨 회의장 가까운 숲을 산책했다. 활짝 갠 날이었는데 큰 나무들이 울창하게 우거져 걸어갈수록 길이 좁아져 주위가 어두웠다. 나는 조금 피곤해져서 길 한편의 오른쪽에 자리를 잡고 한참 앉아 있었다. 그때 하나님의 임재를 느꼈다.

총합적인 감각이 아닌 내 영으로 느낀 감각이었다. 전도집회에서 하나님의 존재를 믿었을 때 나는 영으로 믿었다. 그와 같은 영으로 임재를 느꼈다. '기운'은 인간이 가지는 생리적인 총합적 감각이고, '임재'는 인간의 영적 부분으로 느끼는 고유의 것이라는 생각이 들었다.

감동을 전하는 말

약간의 허탈감과 기분 좋은 피로감을 남긴 채 2012년 런던 올림픽이 막을 내렸다. 일본이 획득한 메달 수는 금 7개, 은 14개, 동 17개로 전체 38개이다. 2004년 아테네올림픽의 37개를 웃도는 최다 기록이다. 금이 적어지긴 했지만 그런대로 괜찮은 성적이었다. 또한 많은 감동적인 장면이 뇌리에서 떠나지 않는 대회이기도 했다.

인간의 한계를 넘어 경이로운 스피드로 달린 단거리 육상선수 우사인 볼트, 18개의 금메달을 거머쥔 사상 최강의 수영선수 미국의 영웅, 펠프스도 인상적이었다. 일본 선수단도 분투했다. 여자 축구팀인 나데시코 재팬의 활약과 여자 배구팀의 맹활약은 고된 연습을 함께한 동료를 신뢰한 팀워크의 가치가 얼마나 소중한지 가르쳐주었다.

올림픽을 위해 힘든 연습을 견뎌온 선수들의 말이 매우 인상적이었다. 탁구로 처음 메달을 획득한 세 선수는 진정 기쁜 얼굴로 회견에 임하면서 "세 사람의 마음이 하나가 되었습니다"라고 말했다.

수영은 전후 최다의 성적을 거둬 13개의 메달을 땄다. 이리에 선수의 "27인의 릴레이였다"는 말도 매우 감동적이었다. 금메달을 딸 것으로 예상되었던 기타지마 고스케는 개인 메달을 따지는 못했지만 400미터 릴레이에서 은메달을 획득했다. 고스케는 수상 소감에서 "금 이상의 것을 얻었다"라고 말했다.

선수들의 한 마디 한 마디에서 올림픽에 목표를 두고 연습을 게을리하지 않은 노력이 엿보였다. 그들의 이야기는 사람들의 마음을 움직였다. 아주 짧은 소감이었지만 각자 거머쥔 메달처럼 반짝거렸다.

2016년의 무대는 브라질 리우데자네이루이다. 최초로 남미에서 개최되는 대회이다. 이리에 선수는 "리우를 향한 도전은 벌써 시작되었습니다!"라고 힘차게 말했다. 그는 이미 다음을 목표로 하고 있다.

사람이 어떤 목표를 향해 열심히 노력하고, 그 노력이 보상을 받았을 때 하는 말은 사람들에게 감동을 준다. 나는 메달을 딴 선수들의 감동적인 말을 들으면서 성경 속에 아로새겨 있는 멋진 말씀을 생각했다. 성경에는 사람들이 하나님의 사랑을 알 수 있도록 예수님이, 또 사도들이 했던 많은 말이 새겨 있다.

예를 들면 요한복음 14장 27절에는 "평안을 너희에게 끼치노니 곧 나의 평안을 너희에게 주노라 내가 너희에게 주는 것은 세상이 주는 것과 같지 아니하니라 너희는 마음에 근심하지도 말고 두려워하지도 말라"고 쓰여 있다. 이 말씀의 핵심은 "나의 평안"과 "세상이 주는 것과 같지 아니하니라"라고 생각한다.

사물의 본질을 알고 있는 사람만이 할 수 있는 말이다. “나의 평안”과 “세상이 주는 것과 같지 아니하니라”라는 짧은 표현이 전하는 진리는 읽는 이의 영혼에 강한 울림을 준다.

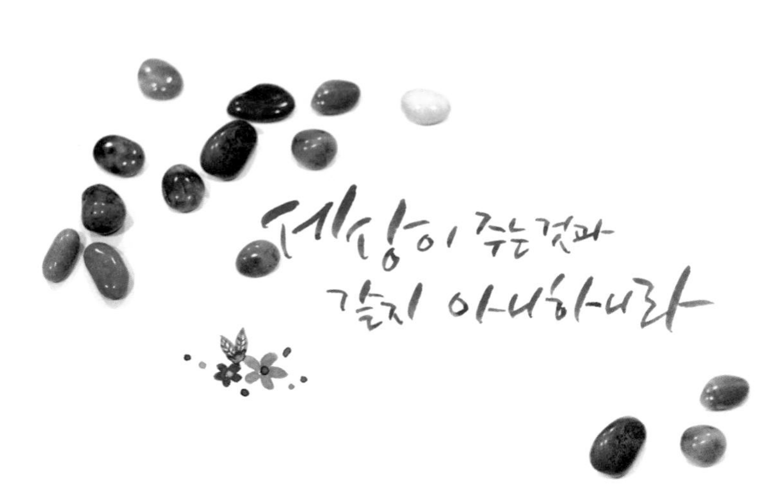
세상이 주는것과
같지 아니하니라

기도, 음악, 유머

오스트리아의 유명한 정신과 의사 빅터 프랭클은 제2차 세계대전 중에 유태인이라는 이유로 나치에 의해 강제수용소로 끌려갔다. 이 체험을 바탕으로 쓴 책이《죽음의 수용소에서》인데 지금 동일본을 중심으로 전국 서점에서 많이 팔리고 있다고 한다. 나치 수용소에서 벌어진 비극은 대지진 피해로 인한 비극과 무관하지 않다.

수용소에서의 체험과 지진 피해 후의 체험은 다르지만 참기 힘든 괴로움이라는 공통점이 있다. 지진 피해를 통해 모든 일본인이 인간의 고뇌에 대해 다시 한 번 생각하게 되었다. 우리 모두는 괴로움이 주는 의미와 괴로움을 견디는 방법에 대해 생각하게 되는 상황에 놓여 있다.

수용소에서의 '견디기 힘든 괴로움'과 계속 사람들이 죽어나가는 상황에서 사람들에게 힘을 준 세 가지를 프랭클은 기도와 음악과 유머라고 이야기한다.

기도는 하나님과 대화하는 것이라고 흔히 말한다. 우리는 매일 기도함으로써 대화하고, 기도를 통해 그분은 우리에게 살아갈 힘을 주신다. 수용소 안에서 자주 기도하는 사람이 삶을 지속해갔다고 프랭클은 말한다.

음악은 사람들의 마음과 영혼에 특별한 힘과 위로를 준다. 이번 재해 후 대피소에서 한 여고생이 플루트로 〈고향〉을 연주했다. 많은 피해자들이 그 연주에 귀를 기울이며 눈물 흘리는 모습을 TV로 보았다.

호스피스에서 있었던 일이 떠올랐다. 말기 환자와 가족에게 호스피스 시설 로비에서 음악을 들려준 적이 있는데 그때 사람들이 눈물을 가장 많이 흘린 곡이 〈고향〉이었다. 이 곡은 건강할 때 들으면 마음에 와 닿고, 피난소나 호스피스에서 들으면 영혼에 울려 퍼지는 음악이 아닐까? 마음에 와 닿는 것만으로는 눈물이 나오지 않지만 영혼에 울려 퍼질 때는 눈물이 흐른다.

나는 대학 행사에서 매년 한 번씩 〈메시아〉를 듣는데, "할렐루야"를 외치는 코러스 부분에서 어김없이 눈물이 난다. 그래서 이 곡이 내 영혼에 울려 퍼지는 음악이라고 생각한다.

"유머가 사람을 살린다"는 프랭클의 지적도 매우 흥미롭다. 그는 유머의 효과를 '자기 거리화'라는 개념으로 이야기한다. 거의 절망적으로 피할 길이 없어 보이는 상황에서도 유머는 그 사태와 자신 사이에 거리를 두게 하는 역할을 한다.

유머로 인해 자신의 인생을 다른 시점에서 관찰할 수 있는 유연성과 객관성이 생겨난다고 그는 말한다. 그가 "유머는 인간에게만 주어진 신적인 숭고한 능력이다"라고 한 말은 매우 유명하다. 프랭클이 열거한 기도, 음악, 유머는 다른 동물에게는 존재하지 않는 인간 특유의 것이다.

쌍방향성

중부지방의 어느 교회 목사님이 강연을 요청하셨다. 호스피스 의사로서 많은 '생명'을 보아온 경험을 신앙인의 입장에서 이야기해달라는 것이었다. 나는 환자의 신체적 고통과 정신적 고통에 더해진 영적 고통과 말기에 신앙이 주는 역할에 대해 말해야겠다고 생각했다. 그래서 지은 강연의 제목이 "생명에의 시선"이었다.

강연 날이 다가올 즈음 교회에서 강연회를 안내하는 포스터를 보내주었다. 아주 아름답고 매력적이었다. 그런데 강연회 제목이 "생명의 시선"이라고 잘못 인쇄되어 있었다. '에' 자가 있고 없고의 차이지만 의미는 상당히 다르다.

어떻게 해야 하나 생각하고 있을 때 "내가 곧 길이요 진리요 생명이니"(요 14:6)라는 말씀이 떠올랐다. 예수님은 자신을 "나는 생명이니"라고 말씀하셨다. 그래서 "생명의 시선"이라는 것은 '생명'이신 하나님이 우리에게 어떤 '시선'을 보내시는가에 대한 것이다.

"생명에의 시선"은 우리가 생명을, 또 생명이신 하나님을 어떤 시선으로 보는가에 대한 것이다. 나는 생명에의 시선과 생명의 시선, 양방향이 중요하다는 것을 깨달았다. 시선은 쌍방향성을 갖고 있다. 나는 목사님께 연락해서 강연에서는 양방향으로 언급하겠다고 이야기했다.

사물의 방향성이 매우 중요해지는 것을 인생의 여러 국면에서 볼 수 있다. 보살핌의 쌍방향성이라는 개념도 중요하다. 보살핌은 카운슬러가 환자에게 일방적으로 제공하는 게 아니다. 관계를 통해 보살핌을 받는 쪽이 성장하고, 또 돌봄을 제공하는 사람도 성장한다.

주는 것은 받는 것이기도 하다. 즉 보살핌의 본질은 쌍방향성과 성장이라고 말할 수 있다. 밀턴 메이어오프(Milton Mayeroff)는 《보살핌의 본질》(On Caring)이라는 책에서 "사람을 보살피는 것의 본질은 그 사람이 성장하고 자기실현을 이룰 수 있도록 돕는 것이다"라고 말한다.

방향성의 전환이 중요한 경우도 있다. 프랭클 박사는 강제수용소 안에서 자살을 생각하는 동료에게 이렇게 말했다.

"필요한 것은 살아갈 의미에 대한 물음을 180도 전환하는 것이다. 인생에 무엇인가를 기대하는 것이 아니라 오히려 인생이 자신에게 무엇을 기대하고 있는가를 물어야 한다."

이와 같은 맥락에서 "너희가 나를 택한 것이 아니요 내가 너희를 택하여 세웠나니"(요 15:16)라는 성경말씀이 마음에 와닿는다.

잘 흐르는 통로

유명한 사람이 죽으면 생전에 그 사람을 잘 알고 있는 사람이 애석함을 표현하는 기사를 신문 등에 싣는다. 그 내용은 공통적으로 고인이 얼마나 훌륭한 사람이었는가에 대한 것이다. 죽은 사람이 다 이루지 못한 일이나 결점은 결코 쓰지 않는다. 사람은 죽으면 누구나 좋은 사람이 된다.

최근에 드물게 고인의 문제점을 매우 신랄하게 비판한 기사를 읽었다. 얼마 전에 세상을 떠난 여배우 모리 미쓰코에 관한 연극평론가 야노 세치의 평론이 그것이다. 모리 미쓰코는 하야시 후미코의《放浪記》(방랑기)를 각색한 연극에 주인공으로 2,000회 이상 공연한 것으로 유명하다.

연극이 끝나고 막이 내리면 관객은 주인공을 생각하면서 집으로 향한다. 관객의 마음에 남는 것은 모리 미쓰코가 아니라 주인공이었다. 그런데 언제부터인지 연극이 끝나고 나서 커튼콜을 하면서부터 상황이 변했다. 야노 세치가 쓴 글의 일부를 소개한다.

> 책상에 엎드려 잠에 빠진 하야시 후미코의 모습을 마지막으로 조용히 막이 내리고 다시 막이 오르면 무대 정중앙에 무릎 꿇은 모리 미츠코가 양손을 높이 들고 만원 객석에 천천히 시선을 던진다. 분명 관객에게 감사를 표하는 것이지만 내면으로는 강렬한 자기도취가 숨어 있는 것처럼 보인다. 이것은 우선적으로 하야시 후미코의 생애를 가슴에 담고 극장을 나가려는 관객에게 모리 미쓰코의 이미지를 새겨서 돌려보내는 것이 된다.

이 기사를 읽고 나는 교회 목사님의 설교와 강연자의 강연에 대해 생각했다. 설교는 하나님의 말씀을 전하는 것에 목적이 있다. 설교가 끝난 후에는 목사가 전면에 나오는 경우와 하나님이 전면에 나오는 경우가 있다. 즉 화자가 여운으로 남는 것과 하나님의 말씀이 여운으로 남는 것의 차이라고 할 수 있다.

"사용하여주소서 내 주여, 사용하소서 나를, 은혜가 흐르는 통로로"라는 찬송가 가사가 있다. 설교자를 위한 기도 중에도 "잘 흐르는 통로"라는 것은 재미있는 표현으로 중요한 진리를 나타낸다.

나 자신도 교회에서 교육 강연과 전도 강연을 할 경우가 있다. 교회에서의 강연 목적은 하나님의 복음을 청중에게 전하는 데 있다. 나 자신과 전공 분야의 이야기가 너무 많이 나오면 하나님이 내 뒤에서 작아지시는 강연이 되는 게 아닌지 신경을 쓰게 된다. 그래서 강연의 마지막에 이렇게 기도할 때가 있다.

"이야기 중에서 하나님이 필요로 하시는 것만 듣는 사람들에게 전해질 수 있도록 하시고, 불필요한 부분은 제거해주소서."

이렇게 기도하는 이유는 나라는 통로를 통해 하나님의 복음이 전해지기를 바라기 때문이다. 미국 유학시절에 다녔던 교회의 목사님이 생각난다. 설교가 끝나면 목사님이 아닌 하나님의 여운이 있었다. 그와 같이 나도, 우리도 잘 흐르는 통로가 되길 원한다.

기도하는 것, 찾아가는 것

"기독교학교는 동일본 대지진을 어떻게 받아들이는가"라는 주제로 기독교학교 교육간담회가 개최되었다. 이 간담회는 개신교의 기독교학교교육동맹과 가톨릭의 가톨릭학교연합회의 협력으로 개최되었다.

이 두 단체가 공동으로 동일본 대지진의 재해로 슬픔과 괴로움을 겪고 있는 사람들을 위한 기도문을 만들었다. 초등학교 판과 중·고등학교 판이 있어 소개한다.

동일본 대지진 피해를 입고

함께 기도를(초등학교 판)

하나님, 지진과 쓰나미 속에서

지금도 고통을 받고 있는 사람들을 도와주세요.

가족을 잃은 사람들,

집과 직장을 잃고 어려움에 빠진 사람들,

슬픔과 고통으로 인해

마음의 힘을 잃은 사람들에게

용기와 희망을 주세요.

그리고 우리도 그들의 일을 항상 기억하며

서로 돕는 마음을 가질 수 있게 해주세요.

예수님 이름으로 기도합니다. 아멘.

동일본 대지진 피해를 입고

함께 기도를(중 · 고등학교 판)

이 세계를 만드시고 우리를 지켜주시는 하나님,

자연과 함께 살게 해주심을 감사드립니다.

동일본 대지진 피해로 인해 고통받는 사람들에게

당신께서 도움과 격려를 주시기 원합니다.

그리고 우리와 자연이 모두

당신이 만드신 것임을 잊지 않도록 해주세요.
당신은 어떠한 때에도 우리를 떠나지 않으시고
기쁨과 슬픔과 괴로움을 함께해주십니다.
하나님, 상처받은 사람들을 위해
행동으로 옮길 수 있는 결단을 하게 해주세요.
하나님이 우리에게 무엇을 바라고 계시는지
매일의 배움 속에서 알아가게 도와주세요.
주 예수 그리스도의 이름으로 기도합니다. 아멘.

각지의 기독교 계열 학교는 기회가 있을 때마다 이 기도문을 낭독하고 있다. 나도 대학의 아침 예배에서 낭독했다.

재해지역의 임시 가옥을 방문하고 이 사람들을 위해 기도해야 한다고 생각했다. 그리고 재해지역을 더 자주 방문해야 한다는 생각을 했다. 남편과 두 아이를 잃은 여성이 임시 가옥에서 혼자 생활하고 있었다. 그 여성에게 "지금 가장 큰 걱정은 무엇입니까?"라고 묻자 "잊히는 것입니다"라고 대답했다.

기도한다는 것은 그 사람의 일을 잊지 않고 있다는 증거이다. 그러나 직접 얼굴을 보이는 것은 더 확실하고 직접적인 사랑의 행위이다. 입원해 있는 사람을 위해 기도하는 것은 좋은 일이지만 직접 병문안을 가는 것은 그를 더 기쁘게 할 것이다.

재해지역의 사람들을 잊지 않고 만나러 가는 사람이 존재한다는 사실이 중요하다. 재해가 발생하고 많은 시간이 흘러 재해지역을 방문하는 사람이 줄고 있다. 기도하는 것과 동시에 현지를 방문하는 기회를 만들어야 할 것이다.

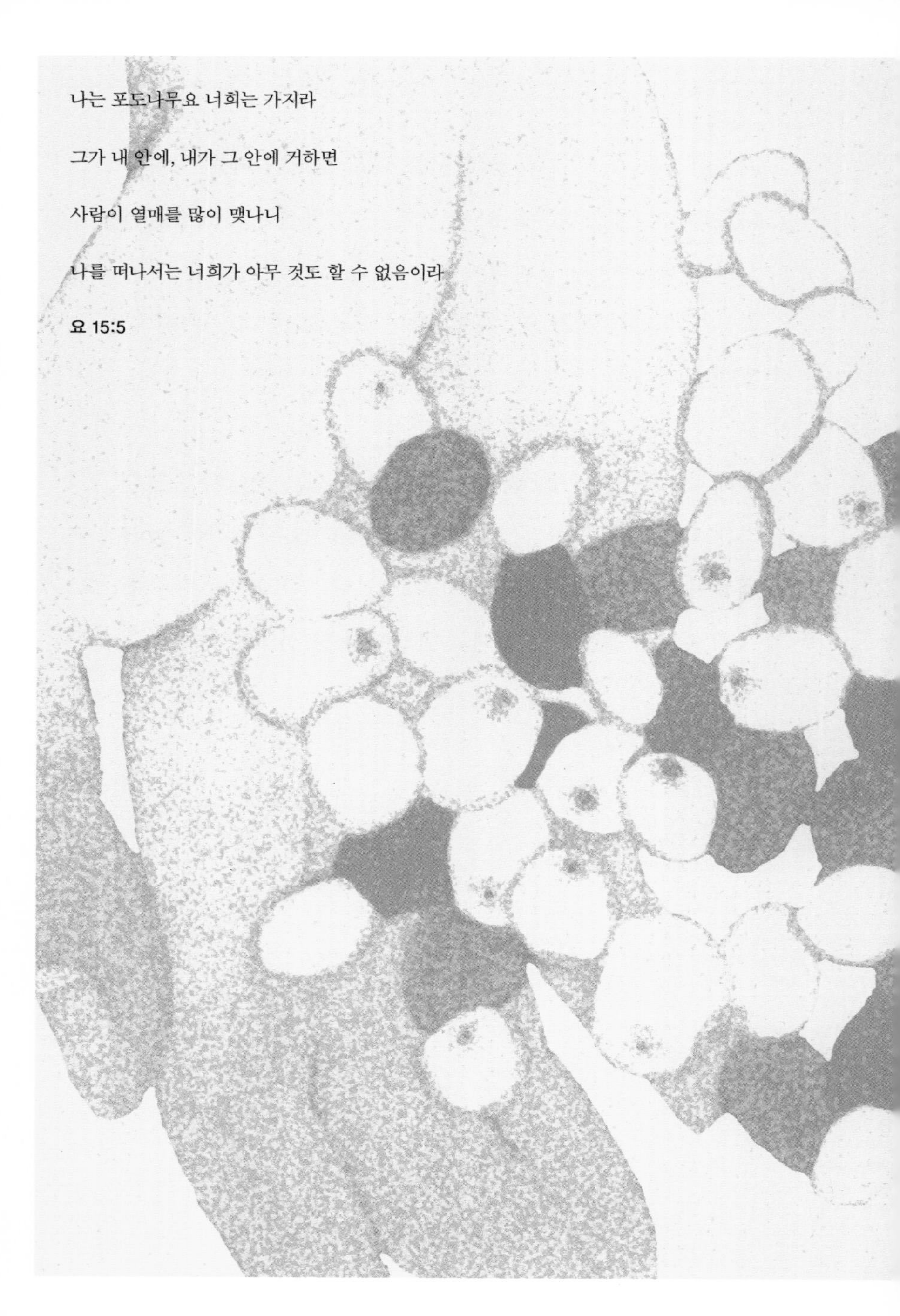

나는 포도나무요 너희는 가지라

그가 내 안에, 내가 그 안에 거하면

사람이 열매를 많이 맺나니

나를 떠나서는 너희가 아무 것도 할 수 없음이라

요 15:5

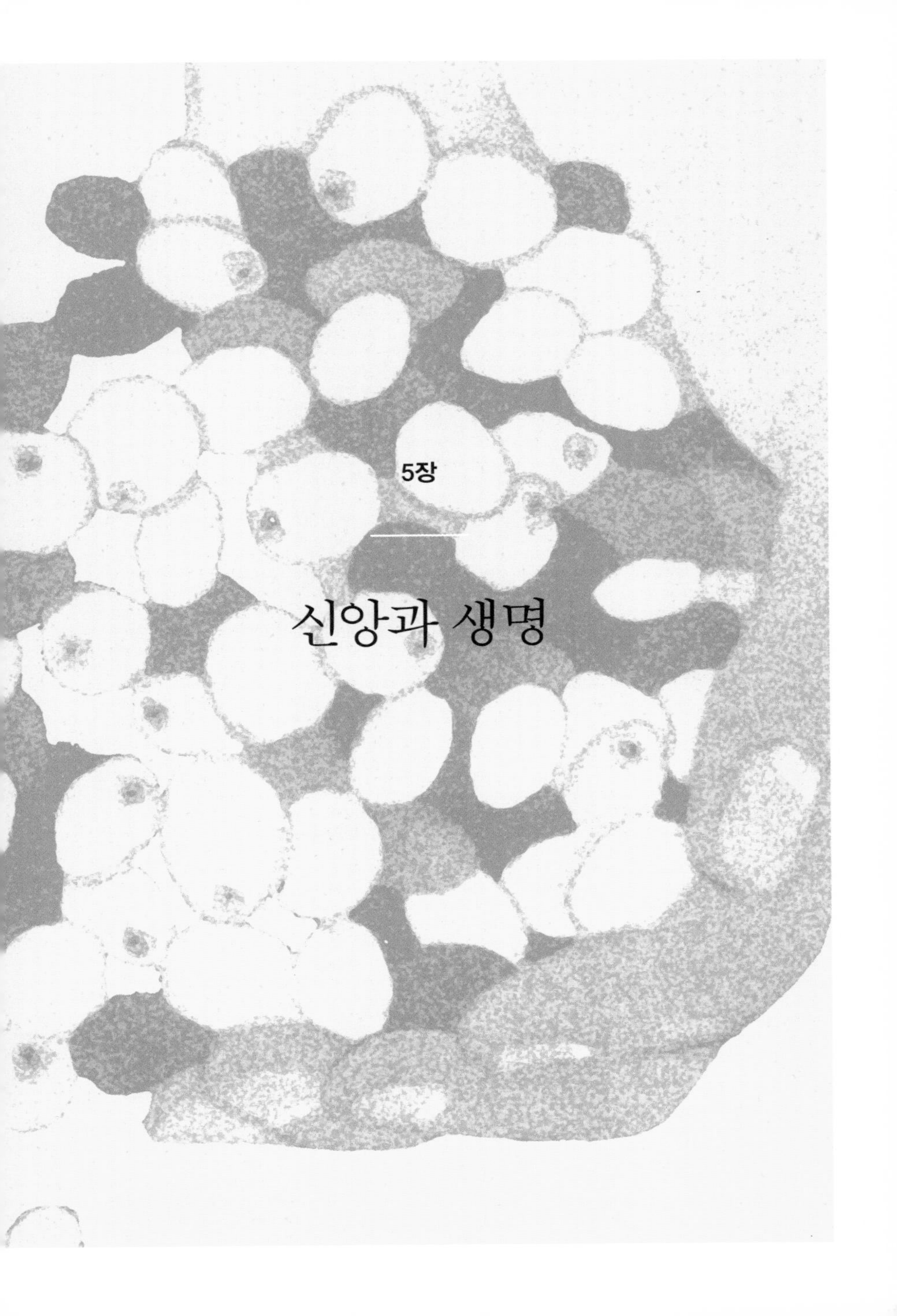

5장

신앙과 생명

개성은 선물

누구나 그 사람만의 독특한 개성이 있다. 우리 주위를 봐도 이야기를 잘하는 사람, 듣기를 잘하는 사람, 외향적인 사람, 약간 내향적인 사람, 활발한 사람, 점잖은 사람 등 실로 다양한 사람들이 있다.

지금까지 내가 만난 사람들도 각각의 개성을 가지고 있다. 다른 사람을 잘 보살피는 사람, 그렇지 않은 사람, 큰 목소리로 씩씩하게 이야기하는 사람, 목소리를 약간 낮추어 조용히 이야기하는 사람 등이다.

각 사람의 개성은 타고난 성질과 성장 배경, 생활 속 경험의 영향을 받아 결정된다. 당신은 당신 자신의 개성을 어떻게 생각하는가? 좀 더 적극성을 가졌으면 좋겠다, 인내력이 부족하다, 너무 소심해서 작은 일에도 신경을 쓴다 등 여러 가지가 있을 것이다.

나는 한 사람 한 사람의 개성은 하나님이 주신 선물이라고 생각한다. 사람들은 보통 계산을 잘한다든가, 방향감각이 뛰어나다든가, 노래를 잘한다든가 하는 식의 뭔가 특별한 능력을 선물이라고 생각하지만 나는 모든 개성이 선물이라고 생각한다.

정신과 의사 시절에 천성적인 신경쇠약에 직장에서의 스트레스가 더해져서 강한 패닉 장애를 앓고 있는 사람을 치료한 적이 있다. 6개월 정도 통원치료를 해서 병적인 패닉 상태는 없어졌고, 이것을 계기로 그는 사무적인 일을 그만두고 카운슬링을 공부해서 어떤 회사의 카운슬러가 되었다.

그때 그가 말했다.

"신경쇠약이 하나님이 내게 주신 선물이라 생각하게 되었습니다. 저와 같은 증상을 가진 사람의 고민과 괴로움을 잘 알기 때문에 상담하러 온 사람이 제게 금방 마음을 엽니다"

정신과 의사인 사이토 다마키(斎藤 環)가 말했다.

"사물을 진취적으로밖에 생각할 수 없는 사람, 자신이 하고 있는 일의 정당성을 전혀 의심하지 못하는 사람은 사람을 상대하는 일에는 적합하지 않다고 생각한다."

일반적으로 '좋은 개성'이라고 생각하는 것이 어떤 경우에는 그렇지 않을 때가 있다. 반대로 조금 문제가 있다고 생각하는 것이 그렇지 않은 경우도 있다.

사고로 하반신 마비가 된 사람이 장애자를 위한 엘리베이터 설치 운동을 전개해 보건문화상을 수상했다. 시상식에서 "장애는 개성입니다"라고 말하는 사람이 있는가 하면 "장애는 선물입니다"라고 말한 사람도 있었다.

성경에 "각각 은사를 받은 대로 하나님의 여러 가지 은혜를 맡은 선한 청지기 같이 서로 봉사하라"(벧전 4:10)라는 말씀이 있다. 은사는 하나님께 받는 것이며 그 은사를 살려 서로 봉사하라고도 쓰여 있다. 한 사람 한 사람이 하나님께 받은 은사를 앞으로 새로운 생활 속에서 타인에게 봉사하기 위한 일에 활용해주었으면 한다.

결단

사람의 일생은 결단의 연속이라고 할 수 있다. '어떤 학교를 갈까, 무엇을 공부할까, 무슨 일을 할까, 누구와 결혼할까' 하는 인생의 큰 결단이 있다. '휴일에 영화를 보러 갈까, 음악회에 갈까' 하는 결단도 있을 것이다. 사소한 것으로는 '눈 앞에 있는 백화점에 가는데 신호를 건널까, 육교를 건널까' 하는 것도 있다.

매일 생활 속에서 우리는 다른 사람에게 뭔가를 부탁하기도 하고 부탁을 받기도 한다. 부탁한 것을 흔쾌히 받아줄 때는 기쁘지만 거절을 당하면 기분이 좋지 않다. 부탁을 받았을 때 그것을 해주려면 노력과 시간이 필요하고, 거절하면 의뢰한 상대에게 미안한 생각이 들게 마련이다.

거절하는 데 상당한 에너지가 필요할 만큼 집요하게 부탁을 해오는 일도 있다. 그럴 때는 거절하는 일에 지쳐서 차라리 승낙해버리는, 비정상적으로 부탁을 들어주는 경우도 있을 것이다.

인생은 큰 결단과 작은 결단의 연속으로 이루어져 있다. 한 사람의 인생은 그가 어떤 결단을 하는지에 따라 결정된다. 그렇게 생각하면 무엇을 기준으로 결단하는가가 매우 중요해진다.

자기중심적인 결단만 하는 사람은 사회생활이 힘들어지고 주위 사람들과 좋은 관계를 유지할 수도 없게 된다. 자기희생이 큰 결단은 사람들을 기쁘게 하지만 당사자의 건강을 해칠 우려가 있다.

나는 매일 아침 눈을 뜨면 네 가지 기도를 한다.

오늘 일정을 지켜주소서.

하나님의 뜻에 따라 결단할 수 있도록 하소서.

어떤 일이 생겨도 냉정히 대처할 수 있도록 하소서.

가족과 친구를 지켜주소서.

특히 하나님의 뜻에 따른 결단을 할 수 있도록 마음을 가라앉히고 기도한다. 하나님의 뜻은 인간의 자기중심적인 생각과 다르다. 그렇다고 하나님이 항상 희생을 요구하시는 것은 아니다. 최종적으로는 그 사람에게 좋은 결과를 주신다.

예를 들어 표면적으로는 힘든 일처럼 보이지만 하나님을 믿는 사람에게는 그 모든 일이 합력하여 선을 이루게 된다(롬 8:28). 하나님의 뜻에 따른 결단은 기도에서 생겨난다. 기도하면 바로 결론이 나지 않을 수도 있지만 계속 기도할 때 하나님께서 반드시 응답해주심을 믿는다.

하나님의
뜻에 따른 결단은
기도에서
생겨난다

상상을 초월한 은혜

내가 다니는 교회에 '은혜'라는 이름을 가진 사람이 네 명이나 있다. 어느 교회에나 한두 명 정도는 있으리라고 생각한다. 하나님이 은혜를 풍성히 주시길 원하는 부모의 소망이 담긴 이름일 것이다.

기독교 사전에서 '은혜'를 찾아보면 "요구할 권리가 없는 사람에게 대가 없이 베푸는 호의"라고 나와 있다. 무조건 주는 것이 은혜이다. 세상적인 상식으로는 우리가 무언가를 얻으려면 그에 따른 대가를 치러야 한다. 대학에 가려면 열심히 공부해야 하고, 돈을 벌고 싶으면 일을 해야 한다. 무언가를 손에 넣으려면 그만큼의 노력이 있어야 한다는 것이 세상의 방식이다.

은혜는 신앙의 결과로 무조건 위에서 아래로 베푸는 것이다. 에베소서 3장 20절은 하나님에 대해 "우리 가운데서 역사하시는 능력대로 우리가 구하거나 생각하는 모든 것에 더 넘치도록 능히 하실 이"라고 말하고 있다.

우리가 생각하는 것보다 더 넘치도록 주시는 훌륭하신 하나님은 우리 각자가 생활 속에서 경험하는 분이다. 하나님이 주시는 은혜는 개인을 향한 것도 있고, 단체를 향한 것도 있다. 내 인생에서 경험한 하나님의 크신 은혜를 두 가지 정도 이야기하고자 한다.

하나는 20년 정도 근무한 요도가와기독병원에서 있었던 일이다. 1955년경 크리스천 의사들이 오사카에서 의료의 손길이 충분히 닿지 않는 장소에 병원을 세우려는 소망을 품고 기도하고 있었다. 그 기도가 응답되어 미국의 남장로교회의 부인회 생일헌금이 병원 설립을 위해 쓰이게 되었다.

그리고 남장로교회의 의료선교사인 프랭크 브라운(Frank A. Brown)이 초대원장으로 부임하고, 요도가와기독병원이 진료를 개시했다. 참으로 상상을 초월하는 은혜를 주신 것이다. 요도가와기독병원은 현재 종합병원으로서 지역의료의 중추적인 역할을 잘 감당하고 있다.

또 하나는 현재 내가 근무하고 있는 긴조학원이다. 이 학원의 창립자는 중국의 기숙여학교에서 교장으로 근무했던 남장로교회의 선교사인 애니 랜돌프 선생이다. 랜돌프 선생은 일본 체재 중에 일본 여성의 사회적 지위가 낮음을 한탄하고 1888년에 자택을 교실로 한 사숙을 열었다.

이 사숙은 다음 해에 사립긴조여학교로 불리다 긴조여자전문학교를 거쳐 전후에 긴조대학으로 발전하게 되었다. 이런 역사 아래 설립된 긴조학원은 개신교의 기독교정신에 기초하여 여성을 위한 고등교육을 설립 목적으로 하고 있다.

내가 하나님이 세우신 병원과 학원에서 근무할 수 있었던 것은 하나님께 받은 커다란 은혜이다. 지금까지 내가 쌓은 업적은 주어진 직책이 아닌 그분이 일방적으로 베풀어주신 은혜로 인한 것임에 감사한다.

열심히 찾아주시는 하나님

누가복음 15장 11절부터 24절에 유명한 '탕자의 비유'가 기록되어 있다. 예수님은 이 이야기에서 하나님의 사랑이 얼마나 지대한지를 말씀하려고 하신 것 같다.

이 이야기 속에서 아들의 아버지는 '진정한 하나님'을 나타낸다. 또 아버지의 재산을 분배받고 집을 나간 아들 '탕자'는 하나님과 멀어져 죄 가운데 생활하는 인간의 모습을 나타낸다.

아들은 아버지의 집에서 행복하게 잘 살고 있었음에도 아버지로부터 자유로워지길 원해 집을 뛰쳐나갔다. 그는 먼 나라로 가서 재산을 탕진하고 방탕한 생활에 빠진다. 이것은 진정한 하나님의 사랑을 떠나 하나님께 등을 돌리고 자기 멋대로 생활하는 인간의 불행하고도 위험한 모습을 나타낸다.

그러나 아버지로부터 받은 소중한 재산을 모두 써버린 아들은 배고픔과 고독을 경험하고 비참한 인생의 나락에 빠져서야 자신이 저지른 죄와 잘못을 깨닫는다. 돼지우리에서 진심으로 회개한 그는 집으로 돌아갈 결심을 한다.

매일 애끓는 심정으로 아들이 돌아오기를 기다리던 아버지는 어느 날 해질 무렵 터벅터벅 무거운 발걸음으로 다가오는 아들의 모습을 아주 멀리서 발견한다. 그리고 한걸음에 달려가 그를 끌어안고 몇 번이나 입을 맞추며 집안으로 맞아들인다. 또한 그 아들을 위해 가장 좋은 옷을 준비하고 맛있는 음식을 만든다. 온 집안이 그의 귀가를 기뻐한다. 하나님의 사랑도 그와 같다.

이 이야기는 나를 비롯해 많은 크리스천이 몇 번씩은 들어보았을 것이다. 여기서 한 가지 더 주목해야 할 것은 아버지의 모습이다. 특히 20절에 "아직도 거리가 먼데 아버지가 그를 보고 측은히 여겨 달려가 목을 안고 입을 맞추니"라는 구절이다.

"아직도 거리가 먼데 아버지가 그를 보고…"라고 쓰여 있다. 이 구절에서 아버지가 아들의 귀환을 집안에서 수동적으로 기다리지 않고 직접 집밖으로 나와 능동적으로 아들을 찾으려 했음을 알 수 있다.

'탕자의 비유'와 같은 예화가 누가복음 15장에도 있다. '잃어버린 한 마리 양의 비유'와(4-7절) '잃어버린 한 드라크마'(8,9절)에 대한 이야기다. 전자는 100마리의 양을 가진 사람이 그 중 한 마리를 잃어버리면 그 한 마리를 위해 찾아다닌다는 것을 말하며, 후자는 열 드라크마를 가지고 있는 여성이 그 중 한 드라크마를 잃어버리면 온 집안을 돌며 찾아다닌다고 말한다.

그리고 찾고 있던 물건을 찾았을 때는 벗과 이웃을 불러 모아 "나와 함께 즐기자 하리라"고 쓰여 있다. 예수님은 거기서 "이와 같이 죄인 한 사람이 회개하면 하나님의 사자들 앞에 기쁨이 되느니라"(10절)고 말씀하신다.

한 사람의 죄인이 회개하는 것이 잃어버린 양, 드라크마와 탕자의 예화로 기록되어 있다. 세 이야기의 공통점은 '열심히 찾아주시는 하나님'의 모습이다. 하나님은 잃어버린 죄인의 회개를 수동적으로 기다리고 계시지 않는다. 회개를 필요로 하는 죄인을 적극적으로 찾고 계신다. 우리도 이런 하나님의 '찾으시는 모습'에 시선을 멈출 필요가 있다.

하나님이 하시는 일은 아름답다

성경에는 위로의 말씀이 많이 있다. 그 중에서 내가 좋아하는 말씀은 "하나님이 모든 것을 지으시되 때를 따라 아름답게 하셨고"(전 3:11)이다. 인생에는 실로 많은 일이 생기지만 거기에는 기쁜 일보다 슬픈 일이 훨씬 더 많다.

성경에서는 그런 모든 일이 하나님이 하시는 일이며 그분이 때를 따라 아름답게 하신다고 가르치고 있다. 당시에는 아름답다고 생각할 수 없는 일이 시간이 흐르면서 상황이 변하고 사태가 호전되면 아름다운 기억으로 남은 일이 누구에게나 있을 것이다.

나는 나고야에 있는 긴조학원대학의 총장으로 8년간 근무했다. 그때 유능한 크리스천 교원이 갑자기 다른 대학으로 옮겨가게 되었다. 나는 그를 보내는 것이 무척 아쉬웠고, 하나님께서 왜 이런 일을 하시는지 잘 이해가 되지 않았다. 그때 성경말씀을 떠올렸다. 그리고 잘 알지 못하지만 그것도 하나님이 하시는 아름다운 일이라고 생각하게 되었다.

한참 뒤에 대학의 장래에 커다란 사역을 해줄 교원이 충원되었다. 타 대학으로 옮긴 교원은 그곳에서 긴조학원대학에서는 할 수 없었을 훌륭한 업적을 남겼다. 하나님이 하시는 일은 때를 따라 아름다운 것이다.

내가 호스피스에서 현역 의사로 일하던 때의 일이다. 호스피스 일 외에도 강연과 집필 활동이 많아져서 상당히 무리를 하고 있다는 생각이 들었다. 12월 말에 걸린 감기가 심해져서 폐렴으로 일주일 정도 입원을 했다.

누구나 병으로 입원하는 것은 가능한 한 피하고 싶을 것이다. 그러나 때를 따라 하나님은 병이라는 형태로 사람에게 휴양을 주시기도 한다. 자신의 생활 패턴에 눈을 돌리게 하시는 것이다. 나는 입원 중에 여러 가지를 생각했다. 그리고 너무 많은 일에 머리를 쓰고 있음을 깨닫고 정리하기로 결심했다.

잘 생각해보면 섣달 그믐날부터 2주간은 입원하기에 최적의 시기였다. 연말연시 휴일이어서 일을 쉬어도 다른 의료진에게 그다지 폐가 되지 않았고, 강연도 예정되어 있지 않았다. 하나님이 최적의 입원 시기를 정해주셨다. 참으로 그분이 하시는 일은 때를 따라 아름답다.

수개월 전부터 오른쪽 팔꿈치에 통증이 생겨 좀처럼 낫지 않아 정형외과의 진찰을 받았다. 엑스레이를 찍어보았더니 오른쪽 팔꿈치 끝 근육 부착 부분에 뼈의 과형성이 있어 상당히 장기전이 될 거라고 했다.

이것도 하나님이 때를 따라 이루시는 아름다움이라는 생각이 든다. 어떤 이유로 그런 일이 생긴 것인지는 잘 알 수 없지만 그분이 하시는 일이기에 그대로 받아들이기로 했다.

하나님이
하시는 일은
아름답다

하나님이 주시는 위로

자연계에서 36년 만에 새끼가 탄생한 천연기념물 따오기가 신문과 TV에 보도되어 화제가 되었다. 어미 새는 알을 낳고 품고 부화시킨 후 본능적으로 새끼에게 먹이를 준다. 다른 어미 새의 육아를 보며 학습한 것이 아니다.

그러나 일본원숭이는 학습을 하지 않으면 육아를 할 수 없다. 무리에서 떨어져 자란 암컷 원숭이는 무리로 돌아가면 교미와 출산은 할 수 있지만 육아는 할 수 없다. 원숭이는 집단생활 속에서 다른 암컷 원숭이로부터 육아를 배우기 때문이다.

이와 같이 조류와 포유류에서는 행동을 규정하는 데 있어

본능이 차지하는 비율이 다르다. 인간과 다른 포유류의 가장 큰 차이는 태어난 직후의 행동에서 나타난다. 소와 말, 사슴과 기린은 태어나자마자 바로 서서 어미의 젖을 빤다. 하지만 인간은 걷기까지 1년이 걸린다.

인간은 본능에 의한 행동보다도 학습에 의한 행동이 주를 이룬다. 본능적으로 사람을 사랑하거나 용서하고 받아들이거나 하지 못한다. 누군가에게 사랑받고, 용서받고, 받아들여진 경험을 해야 그것이 가능하다.

사람을 위로한다는 것도 자신이 다른 사람에게서 위로받은 경험이 있기에 가능한 것이 아닐까? 동일본 대지진으로 가족을 잃은 많은 사람들은 위로가 필요하다. 1995년 한신·아와지 대지진으로 가족을 잃고 슬픈 나날 속에서 봉사자에게 위로를 받은 사람들이 동북지방의 재해지역을 방문해 유족들을 위로하고 많은 활동을 펼치고 있다. 위로받았기에 위로할 수 있는 것이다. 이 역시 학습의 결과라고 말할 수 있을지도 모른다.

성경에 "우리의 모든 환난 중에서 우리를 위로하사 우리로 하여금 하나님께 받는 위로로써 모든 환난 중에 있는 자들을 능히 위로하게 하시는 이시로다"(고후 1:4)라는 말씀이 있다. 우리가 모든 환난 속에서도 사람을 위로를 할 수 있는 것은 하나님께서 어떠한 고난 속에서도 우리를 위로해주시기 때문이라고 성경은 가르쳐주고 있다.

우리가 환난 가운데 있는 사람을 위로할 수 있기 위해서는 하나님이 베푸시는 위로를 경험할 필요가 있다. 환난 가운데 있을 때 자신의 힘에 의지하지 않고 오직 그분이 주시는 위로를 구하고 신뢰하고 의지하는 게 중요하다.

이어져 있는 것

신문의 센류란에서 재미있는 시구를 발견했다.

이어져 있기에 높이 나는 연

(つながれているから高くあがる凧)

연이 높이 날 수 있는 것은 실로 연결되어 있기 때문이다. 실이 끊어지면 연은 떨어져버린다. 초등학생 시절, 연날리기 도중에 실이 끊어져 날아가는 연을 보며 슬퍼했던 기억이 난다. '이어져 있다'는 것은 뭔가 자유를 빼앗겼다든가, 속박을 당한다든가, 손해를 보는 듯한 이미지로 결부되기 쉽다.

그러나 얼핏 자유스럽게 못한 것처럼 보여도 무엇인가에 '연결되어 있다'는 것 때문에 자유로운 행동이 보장되는 경우도 많다.

일이 너무 바빠 힘든 나날을 보내고 있어도 안정된 기업의 일원이라면 그 기업에 연결되어 있어서 자유롭게 자아실현을 할 수 있고, 안정된 수입을 얻을 수 있다. 겉으로는 자유가 없는 것처럼 생각되는 것이 실제로는 자유를 보장하는 것이다.

딸이 유치원에서 처음으로 수영장에 들어갔을 때의 일이 기억난다. 제대로 숨쉬기가 안 돼서 매우 힘들어 했던 것 같다. 다음 날 정원의 작은 연못에서 헤엄치는 잉어를 본 딸아이는 "잉어는 물속에서 힘들지도 않은가 봐"라고 말했다.

나는 딸에게 잉어는 물속에 있어서 자유롭고 물 밖으로 나오면 오히려 괴로우며, 사람은 물 밖에 있는 것이 당연해서 괴롭지 않지만 물에 들어가면 힘들다고 설명했다. 그러나 딸이 어디까지 이해를 했는지는 의문이다.

겉으로는 자유를 빼앗기고 괴로워 보이는 환경이 그 속에 있는 당사자에게는 최적의 환경이 되고 안심하게 해준다는 것을 말이다.

대학생 때, 한 친구가 내게 교회에 나가자고 열심히 권했지만 뭔가 속박당하는 느낌이 들어서 주저했다. 그러다가 교회에 와보니 진정한 자유는 교회에 있다는 것을 알게 되었다.

> 나는 포도나무요 너희는 가지라
> 그가 내 안에, 내가 그 안에 거하면
> 사람이 열매를 많이 맺나니
> 나를 떠나서는 너희가 아무 것도 할 수 없음이라
>
> 요 15:5

이 유명한 말씀은 연결되어 있다는 것을 알기 쉽게 설명해준다. 가지가 나무에 붙어 있지 않으면 그 가지에는 열매가 열리지 않는다.

성경에는 "그가 내 안에, 내가 그 안에 거하면"이라고 쓰여 있다. 거한다는 것은 '거기서 머물고 움직이지 않는다'는 것이다. 부동의 자세로 임한다는 말과 같으며 움직이지 않는다고 결단하는 것을 뜻한다.

포도나무에 비유되고 있는 하나님께 강력하게 붙어서 움직이지 않겠다는 결단을 하고 계속 그분께 거하면, 우리 인생은 그 결과로 열매를 맺게 된다. 나무에 붙어 있겠다는 결단과 그곳에 거하겠다는 결단을 하나님은 원하고 계신다.

그가 내 안에
내가 그 안에
거하면

하나님의 개입

얼마 전 주일의 일이다. 우리 부부는 함께 교회에 갔다가 아내는 여전도회 모임에 갔고, 나는 마트에서 장을 보고 집으로 향했다. 집에 와서 우편물을 챙기고 현관문을 연 순간에 병원에서 전화가 와서 수첩과 일정표를 주머니에서 꺼내 확인하고 전화를 끊었다.

우편물을 확인하고 옷을 갈아입다가 바지 뒷주머니 넣어둔 지갑이 없어진 것을 알았다. 어딘가에 있을 거라고 생각하고 있을 만한 곳을 샅샅이 뒤졌지만 찾을 수가 없었다. 몹시 당황스러웠다. 지갑 속에는 현금과 운전면허증, 신용카드, 체크카드, 건강보험증, 신분증명서 등이 들어 있었다. 찾지 못하면 정말 난감한 상황이 벌어진다.

나는 의자에 앉아 눈을 감고 지금까지의 내 행적을 돌이켜 보았다. 마트에서 물건을 사고 계산대에서 지갑을 꺼내 잔돈을 넣은 것은 생각났다. 계산대에 두고 온 것인지도 모른다는 생각에 마트에 전화를 했더니 "보관하고 있습니다"라는 대답이 들려왔다. 천사의 목소리를 듣는 느낌이었다.

곧바로 마트의 서비스센터로 갔다. 주차장에 떨어진 것을 한 남성 고객이 주워서 맡겼다는 것을 알게 되었다. 계산대에서 지갑을 주머니에 넣을 때 깊숙이 넣지 않아서 쇼핑한 물건을 자동차 트렁크에 실을 때 떨어뜨린 것 같다.

이런 상황에서 지갑이 되돌아오지 않는 경우가 더 많을지도 모른다. 지갑이 되돌아온 것은 단순한 우연이나 행운이었을지 모른다. 그러나 나는 하나님이 되돌려주셨다고 생각한다. 조금 과장된 이야기일지 모르지만 '하나님의 개입'이 있었던 것 같다.

어떤 일이 실현되거나 실현되지 않을 때, 그것을 어떻게 받아들일지는 개인에 따라 다르다. 지갑이 되돌아왔을 때 다행이라며 단순히 기뻐하는 사람이 있는가 하면 하나님이 찾아주셨다고 생각하는 사람도 있는 것이다.

나는 신앙을 가지기 전에는 여러 가지 사건은 우연히 일어나는 거라고 생각했다. 하지만 신앙을 가지고 나서부터는 사건을 신앙적으로 해석하게 되었다. 또 괴로운 일이 생겼을 때 '신앙으로 극복하자'고 생각하게 되었다.

어떤 일이 우연인지 아니면 하나님의 섭리인지를 과학적으로 증명할 수는 없다. 그러나 인생의 여러 일에 하나님이 개입하시고, 그분을 믿는 자에게는 모든 일을 좋은 방향으로 흘러가도록 해주신다고 믿는 쪽의 인생이 더 윤택하지 않을까.

예수님의 웃음

웃음은 유전자 속에 들어 있는 듯하다고 앞서 말했다. 지금까지 한 번도 웃은 적이 없는 사람은 존재하지 않을 것이다. "사람은 웃는 동물이다"라고 말할 수도 있다. 그러면 예수님은 어떠셨을까? 나는 하나님의 아들이며 사람의 아들이기도 한 예수님도 웃으셨고, 심지어 잘 웃으셨으리라 생각한다.

그러나 "예수님은 웃으셨다"라고 쓰인 말씀이 성경에는 없다. 예수님의 노하심(막 10:14, 11:15)과 눈물(요 11:35)에 대해서는 성경에 기록되어 있다. 화를 내거나 슬퍼하거나 기뻐하는 것은 인간으로서 당연한 일이다. 성경에 예수님의 웃음에 대한 기사가 없는 것은 무슨 이유일까? 이것에 관해 신학자와 성경학자 등 전문가 사이에서 의견이 분분하다는 것을 최근에야 알게 되었다. 예를 들어 어떤 독일 신학자는 다음과 같이 말한다.

> 확실히 신약성경은 예수님의 웃음에 대해 보고하지 않았다. 그러나 복음서는 원래 예수님의 전기로 읽히는 것을 의도하고 쓰인 것이 아니다. 복음서가 예수님의 머리카락에 대해서 기록하지 않았다고 해서 그분에게 머리카락이 없었다고 생각할 것인가.…예수님이 결코 웃으시는 일이 없었다고 확실히 명언되어 있지 않은 이상 그분이 웃지 않으셨다고 가정하는 것에는 아무런 근거가 없다.

그러면 왜 예수님의 웃음에 대한 기사가 없는 것일까? 엘튼 트루블러드(Elton Trueblood)가 《그리스도의 유머》(The Humor of Christ)에서 쓰고 있듯이 "복음서가 십자가의 비극과 그 직전의 사건에 특히 중점을 두고 있다"는 이유에서일까?

복음서의 초점이 예수님의 수난사에 맞춰져 있기에 유머와 웃음에 대해 이야기하는 것을 꺼려해서일까? 그런 의미에서 지금까지 성경의 유머와 예수님의 웃음에 대해 언급하는 것 자체가 신중하지 못한 태도라는 인식이 있었기 때문은 아닐까?

그러나 성경을 읽으면 읽을수록 예수님은 유머감각이 풍부하고 자주 웃으셨다는 생각이 든다. 성경에는 분명 예수님이 웃으셨을 것이라고 생각되는 두 구절이 있다.

하나는 예수님을 보려고 무화과나무에 올라간 삭개오를 쳐다보시고 그에게 "속히 내려오라"고 말씀하신 곳이다(눅 19:5). 삭개오가 나무에서 내려왔을 때, 예수님은 웃음을 한가득 머금고 그를 맞아주셨을 것이다.

또 한 구절은 아이들을 안고 축복하셨을 때이다(막 10:16). 분명 그분은 부드러운 미소로 아이들을 보고 계셨을 것이라고 생각한다. 약한 자, 더러운 자, 작은 자, 죄 있는 자에게 예수님은 자애 가득한 미소를 띠셨을 것이라고 확신한다.

하나님이 하시는 일

2011년 3월 11일, 동일본 대지진으로 15,000명이 넘는 사람들이 희생되고 2012년 2월 기준으로 3,000명 가까운 사람들이 행방불명된 상태이다. 가족과 고향을 잃은 사람들의 슬픔과 괴로움을 생각하면 마음이 저려온다.

왜 이런 비극이 발생했는지에 대해 누구든지 의문을 품게 될 것이다. 초등학생이나 중학생 아이가 교사와 부모에게 이런 의문을 제기하면 어른들은 어떻게 대답해야 할까? 나 자신도 어떻게 대답해야 좋을지 잘 모르겠다.

전에도 언급했지만 기독교학교교육동맹이라는 조직이 있다. 이것은 일본의 개신교 계열 기독교학교 98개 학교법인이 조직한 단체이다. 기독교학교의 교직원은 "하나님이 계시는데 왜 이런 일이 일어나는 걸까요?"라는 학생들의 질문을 받고 어떻게 대답해야 좋을지 몰라 당혹스러웠다고 말했다.

이런 상황에서 2011년 10월 15일, 풀학원(Poole Gakuin)에서 "기독교학교는 동일본 대지진을 어떻게 받아들여야 하는가?"라는 주제로 기독교학교 교육간담회가 열렸다. 그 자리에 다카키 게코 선생과 내가 강사로 초청받았다.

나는 '슬픔의 이해'를 한신·아와지 대지진 재해의 경험과 호스피스에서 유족을 대상으로 한 슬픔 치유, 또 대학에서의 그리프(grief) 연구에 비추어서 이야기를 해달라는 요청을 받았다.

강연 준비를 하면서 '왜 하나님은 이런 일을 하실까'라는 의문에 성경은 어떤 대답을 하고 있는지 찾아보았다. 기도 중에 다음과 같은 말씀이 떠올랐다.

하나님께서 행하시는 모든 것은

영원히 있을 것이라

그 위에 더 할 수도 없고

그것에서 덜 할 수도 없나니

하나님이 이같이 행하심은

사람들이 그의 앞에서 경외하게 하려 하심인 줄을

내가 알았도다

전 3:14

"왜 이런 일이…"라고 질문을 던진 사람들은 납득할 수 있는 대답을 얻고 싶어 한다. 인간이 할 수 있는 대답은 어쩌면 하나님이 하시는 일에 뭔가를 더하게 되는 것일지도 모른다.

이번 재해를 포함해 전 세계에서 일어나고 있는 사고와 전쟁은 모두 하나님의 묵인 하에 일어나고 있는 것이라고 생각한다. 지금 세계 각지에서 일어나고 있는 나라들 간의 대립, 한 나라 안의 내란도 예외는 아닐 것이다.

2012년 코네티컷 주 뉴타운에 위치한 샌디후크 초등학교에서 총기 난사 사건이 일어났다. 이 사건으로 어린이들과 교직원 등 26명이 사망하는 참사가 벌어졌다. 사망한 아이들은 모두 7,8세였다고 한다. 이런 무서운 사건이 왜 일어나는 것일까? 그 이유를 명확히 밝힐 수는 없을 것이다. 단지 이 사건도 하나님의 손 안에 있다고 믿는다.

하나님께서
행하시는 모든 것은
영원히 있을 것이라

살아 있음

마치는 글

출판사로부터 집필을 의뢰받았을 때, 오랜 시간 내게 과제로 남아 있는 생명에 대해 써보고 싶었다. 내 인생의 테마인 인간 이해를 '생명'이라는 단어를 통해 더 깊이 묵상해보고자 했다. 인간에게 주어진 생명에 시선이 확실하게 고정되어 있다면 그것이 인간이해로 이어진다고 생각했다.

주어진 삶을 어떻게 살고 어떻게 죽음을 맞이할 것인지는 모두에게 공통된 매우 중요한 과제이다. 이 과제를 성실히 받아들여 계획함으로써 인생은 더욱 알차고 풍성해질 것이다.

사람으로 태어나 사람으로 살아가는 것이 인생이다. 사람으로 태어난다는 것은 영을 가진 존재로 태어나는 것이며, 사람으로 살아간다는 것은 살아가는 의미를 생각하면서 죽음을 시야에 두고 살아가는 것이다. 이 책을 읽는 분들의 인생이 조금이라도 풍성해지길 기도한다.

역자 후기

가시와기 선생을 개인적으로 알게 된 것은 2013년 7월 말, 일본 출장 중 주일성수를 위해 오사카의 한 교회에서 예배를 드리던 때였다. 예배 후 선생의 강연을 듣게 되었는데, 처음으로 접하는 호스피스에 대한 주제가 마음에 진한 감동을 주었다.

그리고 원저를 구입하고 이야기를 나누며 번역 허락을 받았다. 나중에 병원을 견학하고서야 알게 된 것이지만 요도가와기독병원은 상당히 큰 규모였고, 가시와기 선생은 일본 기독교계와 호스피스 관련 분야에서는 매우 유명한 분이었다. 그러나 무엇보다도 번역을 하면서 크리스천으로서의 흔들림 없는 정체성을 확인할 수 있었던 것이 가장 기뻤다.

우리가 반드시 알아야 할 생명의 존엄성과 소중함을 생각하게 해주었고, 천국에 갈 때 아름다운 모습으로 가기 위해서는 어떤 준비를 해야 하는지 알게 해주었다.

책에서 우리 크리스천은 죽음을 맞이한 마지막 순간까지 감사하며 '최후의 도약'을 하고 재회의 소망을 품을 수 있다고 했다. 인간이 죽음 앞에서 가장 힘든 것은 영혼의 고통이기에 위로부터의 위로가 필요하다고 말한다. 또한 기도와 음악과 유머가 사람에게 무엇보다 중요하다고 말한다. 이것은 하나님께서 인간에게 주신 선물이다.

저자는 또 하나님은 상상할 수 없을 만큼 큰 은혜를 우리에게 주신다는 것, 우리를 직접 찾아와주신다는 것, 우리가 힘들 때 우리를 위로해주신다는 것을 이야기한다.

우리는 하나님께서 주신 우리의 소중한 인생의 마지막을 어떤 모습으로 맞이할지를 생각하고 미리 정해두어야 한다. 하나님의 영이 우리 안에 머물 때 우리의 영혼은 영원한 평안을 누릴 수 있을 것이다. 많은 신앙인들이 이 책을 통해 하나님과 인간에 대한 깊은 이해와 생명의 소중함을 깨닫는 계기가 되었으면 한다.

이 책을 통해 진정한 사람으로 살아가는 의미를 알게 해주신 하나님께 감사드린다. 그리고 하나님께서 주신 최고의 선물이며 생명보다 더 소중한 가족에게 감사와 사랑의 말을 전한다.

최영수

살아 있음

초판 1쇄 발행 2016년 8월 1일

지은이 가시와기 데쓰오
옮긴이 최영수

펴낸이 여진구
책임편집 4팀 | 김아진
편집 1팀 | 이영주, 김수미 2팀 | 최지설, 김나연 3팀 | 안수경, 유혜림
책임디자인 마영애 | 이혜영, 노지현
기획·홍보 김영하 해외저작권 김나은
마케팅 김상순, 강성민, 허병용, 이기쁨 마케팅지원 최영배, 이명희
제작 조영석, 정도봉 경영지원 김혜경, 김경희

이슬비전도학교 최경식, 전우순 303비전성경암송학교 박정숙, 정나영, 정은혜
303비전장학회 & 303비전꿈나무장학회 여운학

펴낸곳 규장

주소 06770 서울시 서초구 매헌로 16길 20(양재2동) 규장선교센터
전화 02)578-0003 팩스 02)578-7332
이메일 kyujang0691@gmail.com 홈페이지 www.kyujang.com
트위터 twitter.com/_kyujang 페이스북 facebook.com/kyujangbook
등록일 1978.8.14. 제1-22

책값 뒤표지에 있습니다.
ISBN 978-89-6097-459-3 03230

규 | 장 | 수 | 칙

1. 기도로 기획하고 기도로 제작한다.
2. 오직 그리스도의 성품을 사모하는 독자가 원하고 필요로 하는 책만을 출판한다.
3. 한 활자 한 문장에 온 정성을 쏟는다.
4. 성실과 정확을 생명으로 삼고 일한다.
5. 긍정적이며 적극적인 신앙과 신행일치에의 안내자의 사명을 다한다.
6. 충고와 조언을 항상 감사로 경청한다.
7. 지상목표는 문서선교에 있다.

하나님을 사랑하는 자 곧 그의 뜻대로 부르심을 입은 자들에게는 모든 것이 合力하여 善을 이루느니라(롬 8:28)

규장은 문서를 통해 복음전파와 신앙교육에 주력하는 국제적 출판사들의 협의체인 복음주의출판협회(E.C.P.A:Evangelical Christian Publishers Association)의 출판정신에 동참하는 회원(Associate Member)입니다.